_____ 학교 ____ 학년____반_____ 의 책이에요.

'체험학습'이란 책에서나 수업 시간에 배운 지식을 실제 현장에서 직접 경험해 보는 공부 방법이에요. 단순히 전시된 물건을 관람하거나 공연을 보는 것이 아니라 학습을 하기 전에 미리 필요한 정보를 조사하는 것까지를 포함한 모든 활동을 의미해요. 어떻게 공부할 것인지를 준비하면 그렇지 않은 경우보다 훨씬 더 많은 것을 보고 느끼게 되겠지요. 이 책은 체험학습을 하려는 어린이들에게 좋은 길잡이 역할을 할 거예요.

❶ 가기 전에 읽어 보세요

이 책은 체험학습 현장을 어린이들이 쉽게 이해할 수 있도록 풀이한 안내서예요. 어린이들이 직접 체험학습 현장을 찾아가는 데 필요한 정보가 들어 있어요. 체험학습 현장을 가기 전에 꼼꼼히 읽어 보세요.

❷ 현장에서 비교해 보세요

동굴에는 종유석을 비롯한 아름다운 동굴 생성물들이 우리를 기다리고 있지요. 뿐만 아니라 동굴의 대표 생물인 박쥐도 있어요. 빛이 없는 어두컴컴한 세계에서 어떤 신비한 일들이 벌어지고 있는지 지금부터 출발해 보아요.

❸ 스스로 활동해 보세요

이 시리즈는 단지 지식을 전달하기 위한 교양 서가 아니에요. 어린이 여러분이 수업 시간에 배운 내용을 실제 현장에서 직접 체험하며 익힐 수 있도록 다양한 활동 내용을 담았지요. 책 중간이나 뒷부분에 이해를 돕기 위한 활동이 있으니 꼭 스스로 정리해 보세요.

❹ 견학 후 활동이 다양해요

체험학습 후에는 반드시 견학 후 여러 가지 활동을 해 보세요. 보고서 쓰기, 신문 만들기, 그림 그리기 등을 통해 체험학습에서 보고 들은 내용을 다시 한번 정리하면 알찬 체험학습이 될 거예요.

신나는 교과 체험학습 66

작은 물방울이 만든 깊고 넓은 세계 동굴

초판 1쇄 발행 | 2007. 6. 20.
개정 2판 4쇄 발행 | 2023. 11. 10.

글 손희정 | 그림 김건표

발행처 김영사 | **발행인** 고세규
등록번호 제 406-2003-036호 | **등록일자** 1979. 5. 17.
주소 경기도 파주시 문발로 197(우10881)
전화 마케팅부 031-955-3100 | 편집부 031-955-3113~20 | 팩스 031-955-3111
사진 박찬수 이종하 엄경섭 시몽포토

값은 표지에 있습니다.
ISBN 978-89-349-9246-2 64000
ISBN 978-89-349-8306-4 (세트)

좋은 독자가 좋은 책을 만듭니다. 김영사는 독자 여러분의 의견에 항상 귀 기울이고 있습니다.
전자우편 book@gimmyoung.com | 홈페이지 www.gimmyoungjr.com

어린이제품 안전특별법에 의한 표시사항

제품명 도서 **제조년월일** 2023년 11월 10일 **제조사명** 김영사 **주소** 10881 경기도 파주시 문발로 197
전화번호 031-955-3100 **제조국명** 대한민국 ⚠**주의** 책 모서리에 찍히거나 책장에 베이지 않게 조심하세요.

작은 물방울이 만든 깊고 넓은 세계

동굴

글 손희정   그림 김건표

주니어김영사

차례

고수동굴에 가기 전에

미리 준비하세요

준비물 필기도구, 체험학습 책, 장갑, 사진기 등

옷차림 동굴 안은 초가을과 같은 기온이 일 년 내내 유지되기 때문에 여름
에는 시원하고 겨울에 따뜻해요. 양손을 쓸 수 있도록 배낭을 메고,
미끄러지지 않도록 운동화를 신어요. 그리고 천장에서 물방울이 떨
어지기도 하고, 머리를 부딪힐 수도 있으니까 모자를 반드시 쓰세요.

미리 알아 두세요

관람일   쉬는 날이 없어요.
관람 시간   총 1시간 걸려요.
         4~10월에는 9:00~17:30, 11~3월에는 9:00~17:00입니다.

구분	개인	단체(20명 이상)
어린이(만4세~초등학생)	5,000원	4,000원
청소년(중·고등학생)	7,000원	6,000원
어른(만 19세 이상)	11,000원	10,000원

주소   충청북도 단양군 단양읍 고수동굴길 8
문의 전화   043-422-3072
홈페이지   http://www.gosucave.co.kr
교통편   시외버스를 타고 단양에서 내려서 고수동굴로 가는 버스를 타요

어둠 속 신비의 세계

동굴에 가본 적이 있나요? 가 보았다면 느낌이 어땠나요? 동굴은 구불구불한 데다 팝콘 모양의 동굴 산호나 기기묘묘한 종유석들이 가득해요. 동굴 속을 걷다 보면 천장에 달린 종유석들이 금방이라도 떨어져 바닥에 꽂힐 듯해서 동굴 탐사 내내 긴장되지요. 하지만 아름다운 종유석을 보고 있으면 왜 동굴을 '신비의 세계'라고 하는지 알게 될 거예요.

동굴은 지구의 역사를 알아보는 훌륭한 자연사 교과서와 같아요. 자세히 조사해 보면 동굴생성물들 안에는 지구의 역사를 알려 주는 암석과 지층이 있기 때문이에요. 동굴은 살아 있는 생명체처럼 날마다 자라고 변한답니다. 동굴이 자란다니까 놀랍다고요? 지금부터 동굴에서 지구의 역사를 어떻게 알 수 있고, 동굴은 어떻게 만들어지는지 알아보러 함께 떠나요.

사자바위

단양 가는 길에 만나는 도담삼봉

한눈에 보는 고수동굴

지금부터 우리는 충청북도 단양군 단양읍에 있는 고수동굴로 갈 거예요. 천연기념물 제256호로 지정되어 있는 이곳은 관광 동굴 중에 교통이 편리하고 수도권에서 가까워 사람들이 많이 찾지요. 개방 동굴 중에서 가장 볼거리가 많고 아름다운 동굴이라고 말해도 무리가 없답니다.

그럼 고수동굴 안을 미리 살펴볼까요?

꼭 지켜 주세요!

1. 동굴 안에 있는 것이 무엇이든 동굴 밖으로 가지고 나가면 안 돼요.

2. 동굴 안에서는 음식을 먹지 말아요. 물만 흘려도 동굴이 오염될 수 있거든요.

3. 동굴 안에서는 장난치지 마세요. 물기가 많아서 미끄럽고, 깊은 곳이 있어서 위험하지요. 조심스럽게 움직이고, 떠들지 않도록 해요.

4. 동전을 던지지 말아요. 동전에는 여러 가지 중금속이 있어서 오랜 기간 동안 물 속에 잠겨 있으면 물속 생물에게 나쁜 영향을 준답니다.

개선

웅석궁

독수리

창현궁

들어가는 곳

고수동굴 탐사 코스는 두 개랍니다.
체험 전에 어느 길로 갈지 정한 후, 출발하세요.

첫 번째 코스 (항상 개방)
두 번째 코스 (특별한 경우에만 개방)

나가는 곳

미탐사구간

황금주

황금암

천당성벽

신동

배학당

천당못

상만물상

중만물상

탐사 준비를 마쳤다고요?

동굴 탐사를 시작하기 전에 동굴에 대해서 미리 알고 싶은 것이 무엇인지 써 보세요. 탐사 목표가 분명하면 훨씬 알찬 체험을 할 수 있거든요.

예 1. 박쥐를 꼭 만나고 싶다.

2. 신비하고 아름다운 동굴생성물을 내 눈으로

꼭 확인하고 싶다.

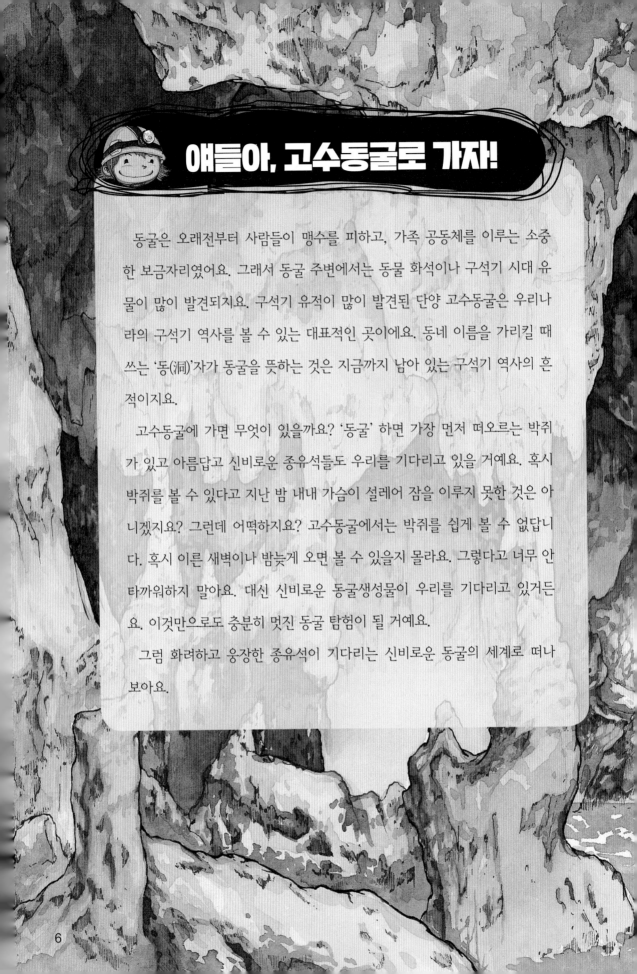

얘들아, 고수동굴로 가자!

동굴은 오래전부터 사람들이 맹수를 피하고, 가족 공동체를 이루는 소중한 보금자리였어요. 그래서 동굴 주변에서는 동물 화석이나 구석기 시대 유물이 많이 발견되지요. 구석기 유적이 많이 발견된 단양 고수동굴은 우리나라의 구석기 역사를 볼 수 있는 대표적인 곳이에요. 동네 이름을 가리킬 때 쓰는 '동(洞)'자가 동굴을 뜻하는 것은 지금까지 남아 있는 구석기 역사의 흔적이지요.

고수동굴에 가면 무엇이 있을까요? '동굴' 하면 가장 먼저 떠오르는 박쥐가 있고 아름답고 신비로운 종유석들도 우리를 기다리고 있을 거예요. 혹시 박쥐를 볼 수 있다고 지난 밤 내내 가슴이 설레어 잠을 이루지 못한 것은 아니겠지요? 그런데 어떡하지요? 고수동굴에서는 박쥐를 쉽게 볼 수 없답니다. 혹시 이른 새벽이나 밤늦게 오면 볼 수 있을지 몰라요. 그렇다고 너무 안타까워하지 말아요. 대신 신비로운 동굴생성물이 우리를 기다리고 있거든요. 이것만으로도 충분히 멋진 동굴 탐험이 될 거예요.

그럼 화려하고 웅장한 종유석이 기다리는 신비로운 동굴의 세계로 떠나보아요.

여기는 고수동굴이 있는 단양

천연기념물에 대해 들어본 적이 있나요? 반달가슴곰이나 진돗개같은 동물뿐만 아니라 오늘 우리가 체험하게 될 고수동굴도 천연기념물이랍니다. 이 말은 나라에서 보호해야 할 가치가 있는 아주 중요한 자원이라는 뜻이에요.

단양에는 고수동굴 말고도 천연기념물로 지정된 온달동굴, 노동동굴도 있답니다. 이 세 동굴들은 가까운 거리에 모두 모여 있고, 이곳을 '단양동굴지구'라고 하지요. 그럼 먼저 우리가 둘러보게 될 고수동굴이 있는 단양이 어떤 곳인지 알아볼까요?

단양에 있는 많은 산들이 석회암으로 이루어져 있어요.

시멘트가 만들어지는 과정

1 석회암을 계단식으로 잘라 내요.

2 잘라 낸 석회암 덩어리를 가공하기 쉽도록 잘게 부순 뒤, 질이 다른 석회석을 골고루 섞고 여러 가지 원료를 첨가하여 다시 잘게 부수지요.

고수동굴이 있는 단양은 뒤로는 소백산이 있고, 앞으로는 남한강이 흘러 산과 강이 어우러진 '단양팔경'으로 유명하지요. 단양은 우리나라에서 개방 동굴이 가장 많은 곳이에요. 그래서 땅 위의 경치가 아름다운 것은 물론이고 땅속 경치까지 아름답지요.

그런데 단양에서 고수동굴로 가는 길 양 옆을 보면 특이한 풍경이 펼쳐져요. 초록빛이 무성한 봄이나 여름에도 산이 온통 잿빛을 띠어요. 게다가 길 위로는 다른 지역에 비해 유별나게 커다란 트럭들이 많이 다녀요. 그 이유는 이 지역에 석회암으로 된 산이 많기 때문이지요.

석회암은 아름다운 동굴을 만들었을 뿐만 아니라 단양을 시멘트 산업의 중심지로 만들었어요. 시멘트를 만드는 원료가 바로 석회암이거든요. 우리가 차를 타고 달리는 도로와 저기 멀리 보이는 산까지 모두 석회암 덩어리라고 생각하니 참 재미있고 신기하지요.

◐◑ 단양팔경
단양군에 있는 명승지 8곳을 말해요.

◐◑ 개방 동굴
관람이 가능한 동굴을 이에요.

석회암이 뭐예요?

석회암은 열대 지방의 조개 껍데기나 산호 조각 같은 생물의 석회질 껍데기가 얕은 물속에 오랜 시간 동안 쌓여 만들어진 것이에요. 순수한 석회암은 하양이거나 투명한 느낌이 도는 흰빛을 띠고 있지만, 섞여 있는 물질에 따라 따라 회색이나 잿빛으로도 보여요.

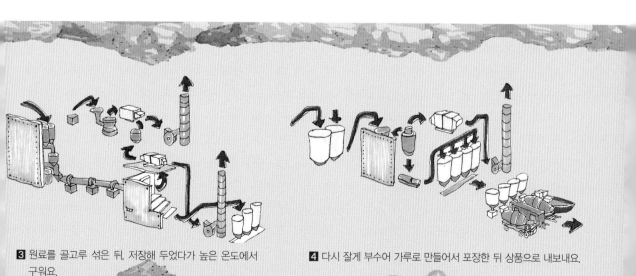

3 원료를 골고루 섞은 뒤, 저장해 두었다가 높은 온도에서 구워요.

4 다시 잘게 부수어 가루로 만들어서 포장한 뒤 상품으로 내보내요.

고수동굴 가는 길

도담삼봉

드디어 맑고 푸른 물이 유유히 흐르는 남한강이 보여요. 한가운데에 봉우리 모양으로 우뚝 솟은 바위 3개가 보이나요? 바로 단양팔경 가운데 하나인 도담삼봉이에요. 이 삼봉에는 재미있는 이야기가 전해지지요. 도담삼봉은 원래 강원도 정선에 있는 삼봉산이었는데 홍수 때 단양으로 떠내려와 지금의 도담삼봉이 되었다고 해요. 삼봉산은 원래 정선에 있던 것이라 단양 사람들이 해마다 정선에 세금을 냈어요. 그렇게 몇 십 년 동안 세금을 낸 단양 사람들은 너무 억울했어요. 그러던 중 당시 소년이었던 정도전이 나서서 이 일을 해결했어요.

여기서
잠깐!

지도에서 고수동굴은 어디쯤 있을까요?

우리가 지금부터 둘러보게 될 고수동굴은 충청북도 단양군에 있다고 했어요.
지도이 ㉠, ㉡ 중 단양군이 어디인지 동그라미해 보세요.

▶ **도움말** : 먼저 충청북도를 찾아야겠지요?
충청북도는 서울과 가까이 있어요.
단양은 강원도와 맞닿아 있답니다.

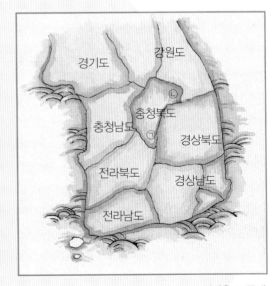

☞ 정답은 56쪽에

"우리가 삼봉한테 떠내려오라고 한 적이 없는데 왜 세금을 낸단 말이오. 오히려 물길을 막아 단양이 피해를 입고 있으니 도로 가져가시오."라고요. 그 뒤부터 단양에서는 정선에 세금을 내지 않았다고 해요.

그리고 도담삼봉에는 단양 지역에서 이루어지는 **광공업**, 동굴과 지구의 역사를 한눈에 볼 수 있는 전시관도 있으니 꼭 둘러보세요.

고수동굴로 가다 보면 길 옆 곳곳에 석회암이 드러나 있어요. 이 지역이 석회암으로 되어 있음을 알 수 있지요.

자, 도담삼봉을 지나면 바로 작은 터널이 나와요. 동굴은 화산이나 물 등 자연의 힘으로 생긴 땅속의 큰 구멍을 가리켜요. 즉 탄광이나 터널, 군사적인 목적으로 만든 땅굴은 동굴이라고 하지 않아요.

도담삼봉에서 차로 5분쯤 달려가면 고수동굴에 도착했음을 알리는 표지판이 보여요. 드디어 목적지에 도착한 거예요.

그럼 지금부터 동굴 탐사를 시작해 보아요.

광공업
광업과 공업을 합친 말로, 땅에서 캐낸 광물로 새로운 물건을 만드는 것이에요.

낙반
광산이나 토목 공사를 할 때 천장이나 벽에서 돌이나 흙이 무너져 내리는 것을 뜻해요.

탐사 전 준비

탐사를 떠나기 전에 어떤 준비를 해야 할까요? 고수동굴은 **낙반**의 위험이 비교적 적고, 통로가 넓지만 안전을 위해서 모자를 꼭 쓰는 것이 좋아요.

동굴 안은 싸늘하므로 이에 대비한 따뜻한 겉옷

동굴 안이 어두우니 앞길을 비춰 주는 휴대 전등

손을 보호할 수 있는 면장갑

배낭처럼 양손을 쓸 수 있게 도와주는 가방

잘 미끄러지지 않는 운동화나 등산화

필기도구

고수동굴은 석회동굴이에요

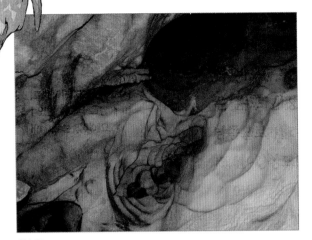

용식공
암석이 녹아서 생긴 구멍이에요.

산성
산의 성질을 띠어 물에 녹으면 신맛을 내는 것을 말해요.

드디어 고수동굴에 도착했어요. 동굴을 개방하면서 입구를 넓혔기 때문에 동굴 입구가 참 넓어요. 천장을 올려다볼까요? 끝이 안 보일 정도로 깊게 뚫린 둥근 구멍이 있어요. 이 구멍을 '용식공'이라고 부르지요. 구멍 모양을 자세히 보면 암석이 깨져서 생긴 것이 아니라 녹아서 만들어졌다는 걸 한눈에 알아볼 수 있을 거예요. 고수동굴은 석회동굴이에요. 석회동굴이 뭐냐고요? 석회암이 약한 산성을 띤 빗물과 지하수에 녹으면서 땅속에 구멍이 뚫려 생긴 동굴이 석회동굴이에요. 빗물이나 지하수가 공기 중에 있는 이산화 탄소와 만나면 석회암을 서서히 녹이지요. 그러면 여러 가지 모양의 빈 공간이 생기고 석회동굴이 만들어지는 거예요.

석회암이 물을 만나면?

아호, 어서 내려가자!

안녕, 빗방울아. 너희들이 나를 멋진 동굴로 만들어 준다고? 이산화 탄소랑 인사하렴.

석회암

석회암 위로 비가 내려요.

안녕! 난 사람이 숨을 쉴 때 뱉어 내고, 식물에게 꼭 필요한 기체야. 하지만 내가 공기 중에 너무 많으면 지구 온난화를 일으킨단다. 너희와 만나면 석회암을 동굴로 만들 수 있지. 우리 한번 힘을 합쳐 볼까?

이산화 탄소

산성을 띤 빗물이 이산화 탄소와 만나면 탄산이 되지요. 탄산이 물에 섞여 있으면 산성을 띠고, 석회암을 녹여요.

또 석회동굴 안에는 지하수가 시냇물처럼 흐르는데, 물은 굉장히 차가워서 손을 대고 있으면 금방 손이 시려요. 이 물이 석회암을 녹이고 종유석을 만들어요. 그런데 물이 오염되면 종유석이 만들어질까요? 심하게 오염되지 않고 적당히 유기물이 섞이면 아름답고 다양한 색깔을 가진 동굴생성물을 만들기도 한답니다.

동굴 안에 흐르고 있는 물을 보면 매우 깨끗하지요. 잠깐! 목이 마르다고 함부로 마시지 마세요. 이 물에는 탄산칼슘 성분이 녹아 있어서 마시면 좋지 않은 물질이 몸에 쌓일 수 있어요. 암석이 바람이나 물에 의해 깎이고 부서지는 것처럼 석회암도 물과 만나면 녹아 내리지요. 이것을 지하수에 의한 '침식 작용'이라고 하는데, 지금도 용식공에서는 끊임없이 물이 떨어지고 구멍은 점점 넓어지고 있어요.

유기물
생물의 몸과 기관을 이루는 물질을 뜻해요.

동굴은 동전을 싫어해요

공원에 있는 분수나 연못에 소원을 비는 마음으로 동전을 던지는 사람들을 본 적이 있지요. 하지만 동굴에서는 동전을 던지지 말아야 해요. 동전에서 나오는 중금속이 동굴을 오염시키거든요.

하하하 간지러워.
옳지 얘들아, 그쪽에 갈라진 바위 틈이 보이지? 다른 곳보다 조금 무르니 거기로 들어오너라.

빗방울
석회암
이산화 탄소

탄산이 섞인 빗물이 석회암의 약한 틈이나 덜 단단한 부분을 파고 들어가면 가늘고 좁은 틈이 점점 깊어지고 넓어져요.

아저씨는 저희들만 믿으세요.
수만 년, 수십만 년 후에는 크고 멋진 동굴이 될 테니까요.

오랜 세월이 흐르는 동안 석회암이 서서히 녹으면서 동굴이 되지요.

물방울이 빚어낸 예술 작품

동굴 안으로 좀 더 깊숙이 들어가 볼까요? 마치 금방이라도 박쥐가 날아올 것처럼 으스스해요. 기이한 모양의 동굴생성물이 신비한 느낌을 더해 주지요. 무엇이 이런 모양을 만들었을까요? 바로 '점적수'라고 부르는 작은 물방울이랍니다. 이산화 탄소가 녹아 있는 점적수는 석회암을 녹이고, 석회암을 녹인 물은 다시 증발해 이산화 탄소가 빠져 나가면서 기이한 모양을 만들지요. 그래서 석회동굴은 물이 있는 한 살아 있는 생물처럼 끊임없이 자라고 그 모습이 바뀌어요. 어떤 모양이 있는지 알아보아요.

물방울 조각가, 점적수

동굴 천장에서 떨어지는 지름 5밀리미터 정도의 작은 물방울이 점적수예요. 동굴생성물을 만들어 내는 주인공이지요. 제아무리 커다란 종유석도 점적수가 없으면 만들어지지 않아요. 점적수 한 방울이 떨어지는 데는 단 몇 초가 걸리기도 하지만 몇 년이 걸리기도 하지요. 오랜 세월이 흘러 점적수 속에 있는 석회 성분이 쌓이고 쌓이면 멋진 종유석이 만들어지지요.

동굴에 삼겹살이 있다고?

동굴의 천장에 불빛을 한번 비춰 보세요. 삼겹살처럼 보이는 무늬가 드리워진 것이 있어요. 이것이 바로 '베이컨 시트'라고 부르는 동굴생성물이에요. 경사진 천장이나 벽면을 타고 지하수가 흘러내리면서 커튼이 드리워진 것 같은 모양을 만들어 내요. 그런데 이 커튼을 자세히 살펴보면 다양한 색을 띠고 있을 거예요. 그 이유는 지하수 속에 섞여 있던 성분 때문이에요. 만약 갈색 흙이 섞여 있다면 갈색의 띠가 나타나는 것이지요. 사진에 보이는 베이컨 시트는 생긴 지 얼마 되지 않은 것이에요. 하

베이컨 시트

지만 몇 만 년쯤 지나면 제대로 된 삼겹살 무늬가 나타나면서 멋진 모습을 보여 줄 거예요.

팝콘처럼 생겼네!

동굴산호

바닷속에는 아름다운 모양의 산호가 있어요. 그런데 동굴에도 바닷속 산호와 닮은 것이 있답니다. 바로 작은 혹이 여러 개 모여 있는 것 같은 동굴산호예요. 동굴산호는 동굴 안에서 흔하게 볼 수 있는 생성물이에요. 동굴 천장이나 종유석, 벽면, 바닥 등 동굴 어디에나 있지요. 자글자글하게 벽면에 붙어 있는 모양이 팝콘처럼 생겼다고 해서 동굴팝콘이라고 부르기도 해요. 하지만 동굴산호가 어떻게 만들어지는지 정확한 이유는 아직도 밝혀지지 않았어요.

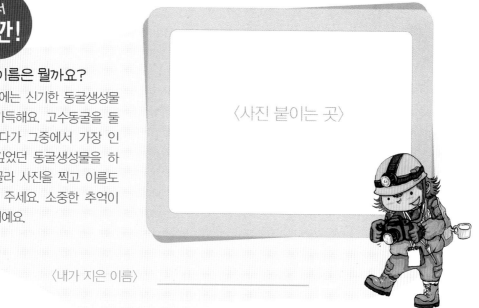

여기서 **잠깐!**

내 이름은 뭘까요?
동굴에는 신기한 동굴생성물이 가득해요. 고수동굴을 둘러보다가 그중에서 가장 인상 깊었던 동굴생성물을 하나 골라 사진을 찍고 이름도 붙여 주세요. 소중한 추억이 될 거예요.

〈사진 붙이는 곳〉

〈내가 지은 이름〉 _____

종유관

빨대처럼 가늘고 길어요

동굴 천장을 보면 작은 틈이 있는데 그 틈으로 지하수가 천천히 스며들면 아주 작은 물방울이 생겨요. 이 물방울은 양이 매우 적어서 떨어지지 않고 오랫동안 대롱대롱 매달려 있지요. 이렇게 물방울이 매달려 있는 동안, 물방울 안에 있는 이산화 탄소가 빠져 나가

⊙⊙ 탄산염
광물인 금, 철, 석탄과 같이 땅속에 묻혀 있는 무기물을 말해요.

면서 **탄산염** 광물이 천장 아랫면에 달라붙어 가늘고 긴 종유관이 만들어지지요. 이렇게 생긴 종유관 속을 자세히 살펴보면 딱 물방울 크기만

〈종유관은 이렇게 만들어져요〉

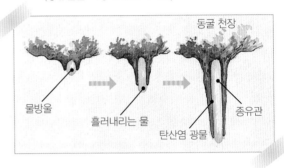

동굴 천장
물방울
흘러내리는 물
탄산염 광물
종유관

종유관은 왜 하얀 색일까요?

종유관은 오로지 석회암이 녹아서 생긴 물만이 만들 수 있어요. 물에 석회암 말고 다른 물질이 섞이면 구멍이 막혀 종유관이 더 이상 자랄 수 없거든요. 그래서 종유관은 순수한 탄산염 광물인 방해석으로만 되어 있답니다. 그래서 종유관이 석회암처럼 하얀 색을 띠는 것이랍니다.

방해석

한 구멍이 뚫려 있어요. 마치 속이 빈 빨대 모양 같지요. 그런데 굵기가 가늘어서 길게 자라면 무게를 견디지 못하고 쉽게 부러지는 경우가 많아요. 간혹 수십 센티미터로 자라는 종유관이 있기는 하지만 대부분 기껏해야 1미터 정도로만 자란답니다. 종유관 자체의 무게 때문에 더 자라도 매달려 있지 못하기 때문이에요. 그리고 종유관의 지름은 항상 5.1밀리미터 정도를 유지하고 있어요. 물방울이 맺히려면 적어도 그 정도 크기는 되어야 하기 때문이에요.

종유석

돌로 된 고드름 같아요

종유관이 주렁주렁 매달린 동굴 천장 주변에서는 종유관보다 굵고 두꺼운 생성물을 볼 수 있어요. 마치 돌로 된 고드름 같지요. 종유관 속이 막히거나, 종유관 옆면으로 지하수가 계속 흘러 생성물이 커지면 이런 모양이 된답니다. 이것을 종유석이라고 해요. 종유석 단면을 보면 작은 구멍을 볼 수 있어요. 바로 물방울이 흘러내렸던 흔적이지요.

◑◐ 단면
물체를 베어 낸 면이에요.

보통 종유석은 거꾸로 세운 당근처럼 생겼지만 독특하게 자라는 종유석도 있어요. 고수동굴의 수호신인 사자바위도 사실은 종유석이에요. 이렇게 기이한 모양의 종유석을 '기형 종유석'이라고 불러요. 고수동굴에는 이런 기형 종유석이 한데 모여 멋진 지하 궁전을 이루고 있지요. 그런데 이런 기형 종유석은 어떻게 만들어질까요? 천장에서 물방울이 바닥으로 떨어지기만 한다면 다양한 종유석을 볼 수 없었을 거예요. 동굴 안에서 바람이 불어 물방울이 옆으로 흐르거나 갑자기 많은 양의 물이 흐르게 되면 이처럼 다양한 모양의 종유석이 생기지요. 천장에 스며드는 지하수의 양과 방향, 그리고 동굴 안에서 부는 약한 바람 등이 이처럼 다양한 종유석을 만든답니다.

여기서 잠깐!

사자바위를 감상해 보세요.
사진을 자세히 보면 입을 크게 벌리고 울부짖는 사자 모양의 바위가 있어요. 이 사자바위는 현재는 미개방된 구간이어서 관람할 수 없으니 사진으로 감상하세요.

사자바위

종유석은 몇 살일까요?

나무의 나이는 나이테를 보면 정확하게 알 수 있어요. 그럼 종유석의 나이는 어떻게 알 수 있을까요? 종유석 단면에 나이테처럼 보이는 원의 개수를 세어 보면 종유석의 나이를 알 수 있을까요? 아니에요. 종유석의 원은 나무의 나이테처럼 1년에 하나씩 생기는 것이 아니거든요.

그렇다면 종유석에 있는 나이테처럼 보이는 원은 무엇일까요? 종유석 단면에 있는 둥근 원 중 두꺼운 테는 지하수가 많이 흐를 때 생긴 것이고 얇은 테는 지하수가 적게 흐를 때 생긴 것이지요. 지하수는 동굴 바깥에 비가 얼마나 오느냐에 따라 양이 많아질 수도 있고 적어질 수도 있어요. 동굴에 들어가면 장마철에는 우산을 써야 할 정도로 물방울이 많이 떨어지지만 겨울에는 물방울이 거의 떨어지지 않는답니다. 따라서 비가 많이 오는 동안에는 종유석이 빨리 자라지만, 비가 오지 않으면 동굴 속으로 지하수가 스며들지 못해서 종유석도 자라지 않겠지요? 그렇다면 길이가 10센티미터

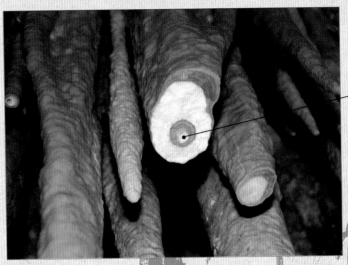

가운데 구멍이 종유관이 있던 자리예요.

종유석 단면

정도 되는 작은 종유석은 몇 살이나 되었을까요? 놀라지 마세요. 기후 변화에 따라
다르지만 종유석 1센티미터가 자라는 데는 무려 백 년에서 천 년이 걸릴 수도 있다고
해요. 저 작은 종유석이 우리 할아버지보다도 훨씬 나이가 많은 셈이지요.

　그런데 최근 자연이 오염되고 많은 사람들이 동굴을 찾으면서 동굴이 훼손되고 있
어요. 물과 시간이 빚어낸 아름다운 동굴생성물을 망가뜨리는 것은 오랜 시간 동안
형성된 자연을 파괴하는 것이랍니다. 따라서 대부분의 나라에서는 법을 정해 동굴을
보호하고 있어요. 우리 어린이들도 자연을 아끼는 마음으로 동굴을 보호해 주세요.

어험~
나보다 훨씬
오래 살았잖아.

내 나이는 만 살이란다.
만 년 동안 이 동굴을
지켰지.

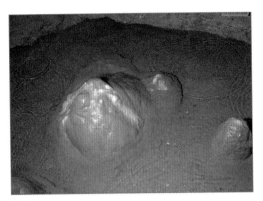
석순

석순은 어떻게 생길까요

와! 물속에 위로 볼록 솟아 있는 생성물이 있어요. 고수동굴로 오는 길에 본 도담삼봉을 닮아 도담삼봉이라는 이름이 붙었어요. 이렇게 동굴 바닥에서 위로 자라는 것을 석순이라고 해요.

그럼 석순은 어떻게 생기는 걸까요? 종유석에서 떨어지는 물방울이 바닥에 부딪히면 이산화 탄소가 빠져나가면서 침전물이 바닥에 쌓여요. 이것이 계속 쌓여서 석순이 되지요. 석순 위에는 대부분 종유석이 있고, 그 아래에는 석순이 자라고 있어요.

그럼 동굴 안에 있는 종유석과 석순 중에 어느 것이 더 많을까요? 바로 종유석이에요. 종유석에서 계속 물이 떨어져도 아직 자라지 못했거나, 석순이 채 자라기 전에 종유석의 성장이 멈추는 경우가 있기 때문이에요. 석순도 종유석처럼 물의 양이나 동굴 안에 있는 불순물, 천장의 높이, 바람의 방향 등의 영향을 받아 모양이 제각기 다르답니다.

특이한 모양으로 자란 석순도 있어요.

여기서 잠깐!

나는 관찰력 박사!
종유석과 석순의 가장 큰 차이점은 무엇일까요?

1. 종유석은 동굴 천장이나 벽에서 자라지만 석순은 (   )에서 솟아올라요.

2. 종유석을 잘라 보면 가운데에 (   )이 뚫려 있어요.

3. 종유석 아래에는 석순이 없기도 하지만 석순 위에는 꼭 (   )이 있어요.

보기

구멍, 바닥, 종유석

☞ 정답은 56쪽에

종유석과 석순이 만났어요

두 개가 맞닿아 형성된 석주

고수동굴 탐사를 하다 보면 조명이 은은하게 비치는 아름다운 풍경을 만나게 돼요. 궁전처럼 멋지다고 '창현궁'이라는 이름을 붙인 부분이에요. 창현궁의 신비로운 풍경을 만든 **일등공신**은 기둥처럼 생긴 '석주'랍니다. 종유석은 석순을 향해 아래쪽으로 자라고, 석순은 종유석을 향해 위로 자라다가 그 끝이 맞닿으면 기둥을 이루지요. 이것을 석주라고 해요. 종유석이나 석순이 조그맣게 자라는 데도 수천 년 이상이 걸리니까 석주는 우리가 상상할 수 없을 만큼 긴 세월이 지나야 만들어지겠지요?

일등공신
가장 큰 공을 세운 신하를 가리켜요. 여기에서는 석주가 멋진 동굴 풍경을 완성하는 데 큰 공을 세웠다는 뜻이에요.

종유석과 석순이 만나서 석주가 되었네! 얼마나 오랜 시간이 흘렀을까?

석주

동굴에 계단식 논이 있어요

동굴생성물 중에는 계단식 논처럼 생긴 것이 있어요. 이것은 경사가 완만한 동굴 바닥에 물이 흐르면서 생긴 것이랍니다. 동굴 바닥에 물이 흐르면서 이산화 탄소는 빠져나가고 물속에 있던 탄산칼슘 성분이 물과 함께 흐르다가 바깥쪽으로 밀려 가장자리에 쌓이면서 작은 둑을 만들어요. 이것이 계단 모양을 이룬 것이지요. 그중에서 논두렁처럼 솟아 있는 부분을 '휴석' 또는 '림스톤'이라고 해요. 휴석은 우리나라의 석회동굴에서 흔히 볼 수 있는 동굴생성물이에요. 다른 동굴생성물들이 비뚤비뚤 이리저리 자란 것에 비하면 휴석은 질서 있고 단정하게 펼쳐져 있답니다. 그리고 휴석 안에 물이 고여 있으면 '휴석소' 또는 '림풀'이라고 불러요. 휴석소에서 계속 물이 흘러 넘치면서 그 아래에 또 다른 휴석을 만들어요. 그런데 휴석소 안에도 동굴생성물이 자란답니다. 그중에서 가장 많이 발견되는 것이 앞에서 나온 동굴산호예요.

휴석

휴석소

동굴 벽을 따라 자라요!

유석

옛날 우리 속담에 '소도 비빌 언덕이 있어야 비빈다.'라는 말이 있어요. 이 말은 무슨 일이 일어나려면 의지할 데가 필요하다는 것을 뜻하지요. 동굴 안에 지하수에게도 적용되는 말이지요. 동굴 안에 지하수가 기대어 타고 흐를 벽이 있으면 동굴생성물은 공중으로 자라는 것보다 훨씬 넓고 큰 모양으로 자랄 테니까요.

이렇게 지하수가 동굴 벽을 타고 흐르면서 만든 생성물을 '유석'이라고 하지요. 유석은 벽을 따라 흘러 내리는 물이 많아야 생겨요. 위 사진의 유석을 한번 보세요. 마치 큰 성당에 있는 파이프 오르간처럼 웅장해 보여요. 물감을 뿌려 놓은 듯 아름다운 색과 모양을 이루는 것은 지하수에 섞여 있는 이물질 때문이에요. 여러 가지 불순물이 지하수에 섞여 다양한 빛깔을 내서 아름다운 유석이 만들어진답니다.

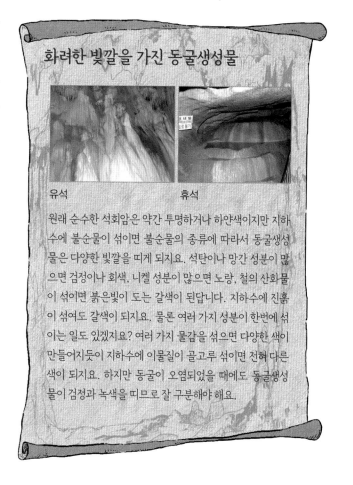

화려한 빛깔을 가진 동굴생성물

유석   휴석

원래 순수한 석회암은 약간 투명하거나 하얀색이지만 지하수에 불순물이 섞이면 불순물의 종류에 따라서 동굴생성물은 다양한 빛깔을 띠게 되지요. 석탄이나 망간 성분이 많으면 검정이나 회색, 니켈 성분이 많으면 노랑, 철의 산화물이 섞이면 붉은빛이 도는 갈색이 된답니다. 지하수에 진흙이 섞여도 갈색이 되지요. 물론 여러 가지 성분이 한번에 섞이는 일도 있겠지요? 여러 가지 물감을 섞으면 다양한 색이 만들어지듯이 지하수에 이물질이 골고루 섞이면 전혀 다른 색이 되지요. 하지만 동굴이 오염되었을 때에도 동굴생성물이 검정과 녹색을 띠므로 잘 구분해야 해요.

날 좀 괴롭히지 말아 줘!

동굴 안은 바깥 세상과 달리 조용하고 어두워 동굴만의 독특한 생태계를 유지해 왔어요. 그런데 어느 날 갑자기 밝은 불빛을 비추고 많은 사람들이 들어와 관람하기 시작했어요. 그러자 원래 동굴에서는 자랄 수 없는 이끼가 자라게 되었고 더러운 얼룩이 생겼어요. 게다가 사람들이 편하게 다닐 수 있는 여러 가지 시설물을 설치하면서 동굴을 마구 망가뜨렸어요. 수십만 년 동안 이어 오던 동굴의 환경이 동굴을 개방한 지 불과 30년 만에 너무 많이 바뀌어 버린 거예요.

원래 동굴 안은 바깥의 기온과 관계 없이 늘 일정한 온도를 유지해야 하는데, 관람객이 많아지면서 동굴 온도가 올라갔고, 수많은 사람들이 내뿜어 대는 이산화 탄소 때문에 오염된 공기가 동굴생성물을 새까맣게 바꿔 놓았어요. 경쟁자와 천적을 피해

저런, 동굴이
자기 모습을 잃고 있어.

관람객들이 내뿜는 이산화 탄소와 손때는 동굴을 오염시켜요.

관람객을 위해 비추는 조명 때문에 동굴에는 이끼가 생겼어요.

동굴에서 살아온 동굴생물들에게는 날벼락 같은 일이지요. 황금 박쥐라는 별명으로 잘 알려진 붉은박쥐는 환경부에서 멸종 위기종으로 지정했고, 갈르와벌레는 이제 미개방 동굴에서조차 구경하기 어려워졌지요.

이에 대한 해결 방법 중 하나는 동굴 관람객 수를 제한하는 것이에요. 관람객을 미리 접수받아 일정한 인원만 들어가도록 하는 것이지요. 또 우리가 동굴을 지킬 수 있는 방법을 함께 고민해 보는 것도 필요하답니다.

훼손된 동굴이 원래의 아름답고 신비한 모습을 되찾기까지는 시간이 오래 걸리거나 영원히 불가능할 수도 있어요. 앞으로 동굴을 관람할 때에는 특별히 조심해서 훼손되지 않도록 주의해야겠어요.

수십만 년에 걸쳐 만들어진 종유석을 관람객들이 부러뜨렸어요.

저는 동굴을 잘 보호하겠습니다.

동굴을 관람할 때 몇 가지 주의사항만 잘 지켜도 동굴을 보호할 수 있답니다.

고수동굴을 떠나면서

　고수동굴을 한창 관람하다 보면 사람들 발걸음이 갑자기 느려지면서 멈추게 되는 구간이 나와요. 앞쪽에 가파른 계단이 놓여 있기 때문이지요. 이것은 동굴이 가로로 길게 이어지다가 갑자기 세로로 이어지는 부분이에요. 고수동굴 같은 석회동굴은 지하수가 어디를 어떻게 흐르느냐에 따라 모양이 달라져요. 또 석회암층의 두께와 깊이에 따라서도 동굴 모양이 달라져요. 석회암층이 수평으로 넓게 퍼져 있으면 수평 동굴이 만들어지고, 석회암층이 수직으로 깊다면 당연히 수직 동굴이 만들어지겠지요?

　고수동굴은 평지처럼 걸을 수 있는 부분이 이어지다가도 갑자기 가파른 계단을 올라가야 하는 부분이 이어지는 것을 보면, 수직 동굴과 수평 동굴이 섞여 있는 것을 짐작할 수 있어요. 전체를 살펴보면 고수동굴은 3층으로 이루어져 있는데, 이렇게 층이 여러 개인 동굴을 다층 동굴이라고 한답니다.

　미개방 구간인 1, 2층에는 물이 고여 있어 전문 탐사 대원들만이 문화재청의 허락을 받아 들어갈 수 있어요. 우리가 관람하는 개방 구간은 3층에 해당하지요. 가파른 계단을 오르다 보면 '여기에서 뒤를

고수동굴의 이모저모

고수동굴 재미있게 둘러보았나요? 떠나기 전에 마지막으로 고수동굴을 한번 더 감상해 보아요. 신비로운 종유석들과 갖가지 모양의 생성물들을 다시 한번 떠올려 보아요. 석순, 석주, 휴석소, 동굴산호 등을 하나하나 떠올려 보세요.
참, 창현궁을 빼놓으면 안 되겠지요? 그 아름다운 광경은 쉽게 잊혀지지 않을 거예요.

고수동굴을 관람하다 보면 가파른 계단을 만나기도 해요.

동굴 천장에는 부분적으로 물방울이 맺혀 있어요.

여기서 잠깐!

가장 멋진 장면을
찍어 보세요!
고수동굴을 돌아보는 동안
점찍어 놓은 나만의 멋진 장
소가 있을 거예요. 직접 사진
을 찍어 옆에 붙여 보세요.

〈사진 붙이는 곳〉

돌아다보세요.'라는 푯말이 보일 거예요. 왜일까요?
우리도 여기에서 뒤를 한번 돌아볼까요? 어때요, 웅
장하고 신비한 고수동굴의 경치가 눈앞에 펼쳐지지
요. 이제 고수동굴을 떠나야 할 시간이니 다시 한번
잘 보아요. 이 아름다운 경치를 가슴에 담아 간다면
더 좋겠지요. 그럼 고수동굴 관람이 모두 끝난 것이
랍니다.

자, 이제 밖으로 나가 볼까요.

동굴의 물방울

나가는 곳 가까이에 있는 천장을 올려
다보면 목욕탕처럼 물방울이 방울방
울 맺혀 있는 것을 볼 수 있어요. 동굴
안은 습도도 높고 온도가 늘 일정해
서 여름에는 시원하고 겨울에는 따뜻
하지요. 하지만 동굴 바깥은 계절이
바뀌어 동굴 안과 기온 차이가 나요.
이런 이유로 동굴 천장에 물방울이 생
기는 것이랍니다.

를 보면 뾰족한 종유석이 매달려 있어요.
방이라도 아래로 떨어질 것 같아요.

동굴 근처에는 대부분 하천이나 계곡이
있지요. 고수동굴 옆에는 금곡천이 흘러요.

눈에 보이지 않는 수많은 구멍이 있어서
동굴 안으로 물과 공기를 보내줘요.

동굴에는 누가 살까요?

고수동굴에서 화려하고 멋진 동굴생성물을 관람했어요. 하지만 사람들이 많이 다녀서 동굴에 사는 생물을 잘 찾아볼 수가 없어요. 동굴에 사는 생물을 보려면 사람들이 많이 다니지 않는 미개방 동굴*을 찾아가야 해요. 동굴 안에는 여러 가지 동굴생물이 살고 있답니다. 물론 동굴에는 빛이 없기 때문에 생물들이 살기에 적합한 환경은 아니지요. 그럼 이 생물들은 누구이며 어떻게 해서 동굴 안에서 살게 되었을까요? 미개방 동굴에서는 박쥐 외에 여러 가지 생물이 환경에 적응하며 살고 있답니다. 하지만 너무 큰 기대를 갖고 미개방 동굴에 가면 실망할 수도 있어요. 언제나 박쥐를 만날 수 있는 게 아니거든요. 한번쯤은 들어봤음직한 노래기나 우리가 무서워하는 뱀이 동굴에 살기도 한답니다. 과연 캄캄하고 습한 동굴에는 어떤 생물이 살까요? 그럼 지금부터 동굴생물들을 만나러 미개방 동굴로 떠나볼까요?

※ 미개방 동굴 : 일반인들에게 아직 개방을 하지 않은 동굴이에요.

동굴 속의 생물들을 만나보아요

미개방 동굴에 가려면

미개방 동굴은 관람을 위한 시설이 갖추어져 있지 않거나 동굴까지 가는 길이 험한 경우가 많아요. 그래서 미개방 동굴을 탐사할 때는 반드시 전문가와 함께 가야 해요. 조령산 모험학교나 한국동굴환경학회, 한국동굴연구소 등에 문의해 보면 된답니다.

생물들이 살아가기 위해서는 반드시 햇빛이 있어야 해요. 그리고 먹이 사슬의 구조를 이루어야 해요. 그런데 동굴생물들은 왜 빛도 없고 먹이도 부족한 동굴에서 살게 되었을까요?

가장 큰 이유가 동굴에는 천적이 없기 때문이에요. 동굴 안에는 다양한 생물이 살지 않기 때문에 적의 공격을 받지 않고 안전하게 번식을 하며 살아갈 수 있거든요. 그럼, 어두운 동굴에 사는 생물들을 만나러 떠나볼까요.

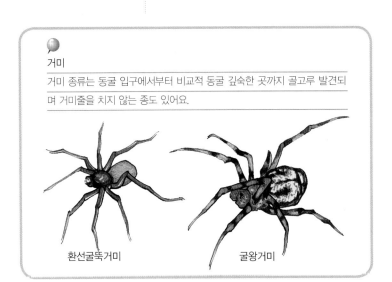

거미

거미 종류는 동굴 입구에서부터 비교적 동굴 깊숙한 곳까지 골고루 발견되며 거미줄을 치지 않는 종도 있어요.

환선굴뚝거미   굴왕거미

다양한 동굴생물들

동굴에 사는 생물은 동굴에 적응하며 살아가는 정도에 따라 외래성 동굴생물, 호동굴성 동굴생물, 진동굴성 동굴생물 세 가지로 나뉘지요.

외래성 동굴생물은 원래 동굴에 살지 않지만 동굴에 들어와 시는 생물이에요. 박쥐니 꼽등이, 나방, 뱀 등이 이에 해당하지요. 그래서 이들은 동굴 밖의 그늘진 곳에서도 볼 수 있어요.

호동굴성 동굴생물은 주로 동굴 안에서 살아가는 생물이에요. 눈도 형태가 남아 있고, 몸도 본래의 색깔을 아직 지니고 있지요. 거미, 톡토기, 노래기, 갈르와벌레 등 동굴에 사는 작은 생물들 대부분이 이에 해당하지요. 이와 비슷한 종이 동굴 밖에도 살고 있는데, 동굴 안

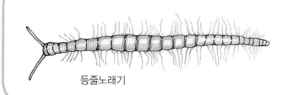

에서 사는 것과 모습이 크게 다르지 않답니다.

마지막으로 진동굴성 동굴생물은 동굴 환경에 완전히 적응한 생물이에요. 일생을 동굴에서 보내기 때문에 몸색깔도 완전히 하얗고 눈이 거의 없거나 아주 작아요. 장님새우, 쥐며느리, 동굴우렁이 등이 있어요.

어둠컴컴한 동굴을 터전으로 삼고 살아가는 동물들이 참 다양하다는 것이 놀랍지요? 그 밖에도 동굴 입구에서 도룡뇽을 가끔 볼 수 있으며 꼽등이나 거미, 노래기 종류는 개방 동굴에서도 비교적 흔하게 볼 수 있어요.

알락꼽등이

꼽등이
동굴 입구 근처의 바위 틈에서 흔히 발견
되며 언뜻 보면 귀뚜라미를 닮았지만 날
개가 없고 울음소리도 내지 않는답니다.

살아 있는 화석, 갈르와벌레

갈르와벌레는 4억 년 전 처음 생겼을 때부터 그 모습을 그대로 갖고 있다고 해서 '살아 있는 화석'이라고 불려요. 전 세계를 통틀어서 27종이 있어요. 우리나라에서는 5종의 갈르와벌레가 발견되었어요. 우리나라와 일본에서는 동굴에서 사는 경우가 더 많아요. 그런데 미국, 러시아 등지에서는 땅 위에서 사는 경우도 많답니다. 갈르와벌레는 육식을 하고 7~13년을 살지요. 어릴 때는 온몸이 흰색이지만 다 자라면 온몸이 황갈색을 띠어요. 우리나라에서 발견된 동대갈르와벌레는 몸길이가 3.84센티미터로 지금까지 발견된 전 세계의 갈르와벌레 중에서 가장 크답니다.

노동갈르와벨레

노동갈르와벌레
충북 단양군에 있는 노동동굴에서
채집되었어요.

동굴의 대표 생물, 박쥐!

'동굴'하면 가장 먼저 떠오르는 생물은 박쥐예요. 생김새가 새나 쥐와 비슷해서 같은 종류의 동물이 아닌가 생각할 수도 있지만 전혀 다른 동물이에요. 박쥐의 몸은 날아다니기 편한 구조로 되어 있답니다. 만년설이 쌓여 있는 극지방을 제외하고 전 세계에 살고 있어요. 박쥐는 여러분도 잘 알다시피 동굴에서 살고 있지요. 하지만 박쥐가 동굴에서만 사는 것은 아니랍니다. 산속, 사람이 사는 곳, 나무속, 폐광 등 다양한 곳에서 살아요.

우리나라에는 모두 26종의 박쥐가 있어요. 이중에서 15종 정도가 동굴에서 살고 있고, 가장 흔하게 발견되는 박쥐는 관박쥐예요. 관박쥐는 코가 **말편자**처럼 생겨서 말편자박쥐라고도 하고, 한국관박쥐라고도 하지요. 그리고 나이에 따라 몸의 색깔이 다르답니다. 등은 어두

⊙⊙ 만년설
일 년 내내 녹지 않는 눈으로, 차차 얼음 덩어리가 되지요.

⊙⊙ 말편자
말굽에 징을 박아 붙인 쇠를 말해요.

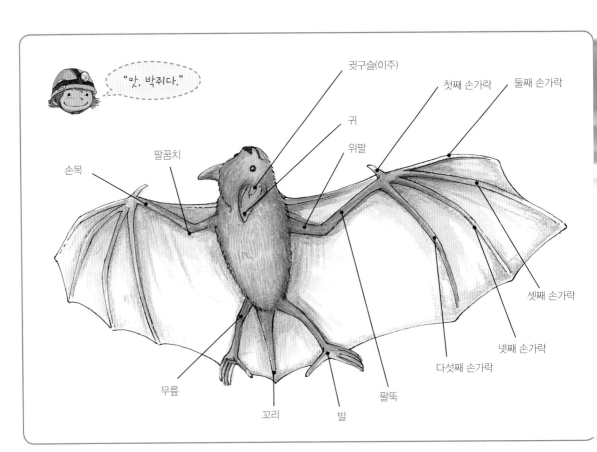

운 회색이 섞인 갈색, 배는 옅은 회색이 섞인 흰색이지요. 나이가 많은 박쥐는 갈색 털이 더 많고, 어린 박쥐는 회색 털이 더 많이 나 있어요.

관박쥐
동굴에서 가장 흔하게 볼 수 있는 동물이에요.

그리고 박쥐는 쉽사리 친해지지 않는 성질이 있어요. 그래서 좁은 공간에 여러 마리가 함께 있으면 서로 깨물기도 한답니다. 보통 6~7월에 새끼 1마리를 낳지요. 박쥐는 낮에는 동굴에서 쉬고 있다가 해가 질 무렵에 먹이를 찾으러 밖에 나간답니다. 그리고는 자기 몸무게의 반쯤 되는 분량의 곤충을 잡아먹지요. 정말 대식가예요. 그리고 박쥐의 똥은 아주 요긴하게 쓰인답니다. 이것은 동굴생물들의 먹이가 되지요. 박쥐는 튼튼한 날개로 온몸을 감싸고 동굴 천장에 거꾸로 매달려 있어요. 단잠을 자고 있는 거예요. 박쥐는 야행성 동물이어서 낮에는 조용히 자면서 휴식을 취하다가 밤에 활동을 해요. 이런 박쥐의 습성 때문에 구경꾼이 많은 개방 동굴에서는 박쥐를 보기가 어렵답니다.

야행성
밤에 먹이를 찾아 활동하는 동물들의 습성이에요.

여기서 잠깐!

다음 중 동굴생물이 먹지 못하는 것은 무엇일까요?
① 박쥐의 똥
② 지하수를 통해 들어오는 플랑크톤이나 낙엽
③ 박쥐의 시체
④ 탈피한 자신의 껍데기
⑤ 석회암 덩어리

☞ 정답은 56쪽에

박쥐, 그것이 알고 싶다!

박쥐는 새처럼 날 수 있는 유일한 포유류이기 때문에 옛날부터 신비한 동물로 여겼어요. 때문에 박쥐에 대해 오해하고 있는 것도 많이 있답니다. 이제부터 박쥐와 직접 인터뷰하며 박쥐에 대한 오해를 풀어 보도록 해요.

Q 너는 왜 항상 거꾸로 매달려 있니?

A 거꾸로 매달려 있는 게 편하기 때문이야. 동굴 안을 잘 날아다니려면 몸이 가벼워야 해. 그래서 힘줄만 남기고 근육을 없앴더니, 다리가 날씬해졌어. 하지만 그 때문에 잘 걷거나 뛰지 못해. 그래서 거꾸로 매달리게 된 거야.

Q 너는 왜 입을 크게 벌리고 날아다니니?

A 초음파를 내는 감각 기관이 입 안에 있기 때문이지. 나는 주로 밤에 활동하기 때문에 시력 대신 초음파를 사용해. 초음파를 보내면 주위에 있는 물체에 부딪혀 다시 메아리처럼 내게 되돌아와. 그 신호로 내가 찾으려는 물체의 위치를 알 수 있지. 어때? 참 대단한 능력이지?

초음파란?

소프라노보다 주파수가 훨씬 높아서 사람이 들을 수 없는 영역의 소리를 초음파라고 해요. 박쥐는 대부분 초음파를 입으로 내보내지요. 박쥐가 날아다니면서 이빨을 드러내고 있는 것은 그런 이유에서랍니다. 그렇다고 모든 박쥐가 초음파를 입으로 내보내는 것은 아니에요. 관박쥐는 코로 초음파를 내보내지요.

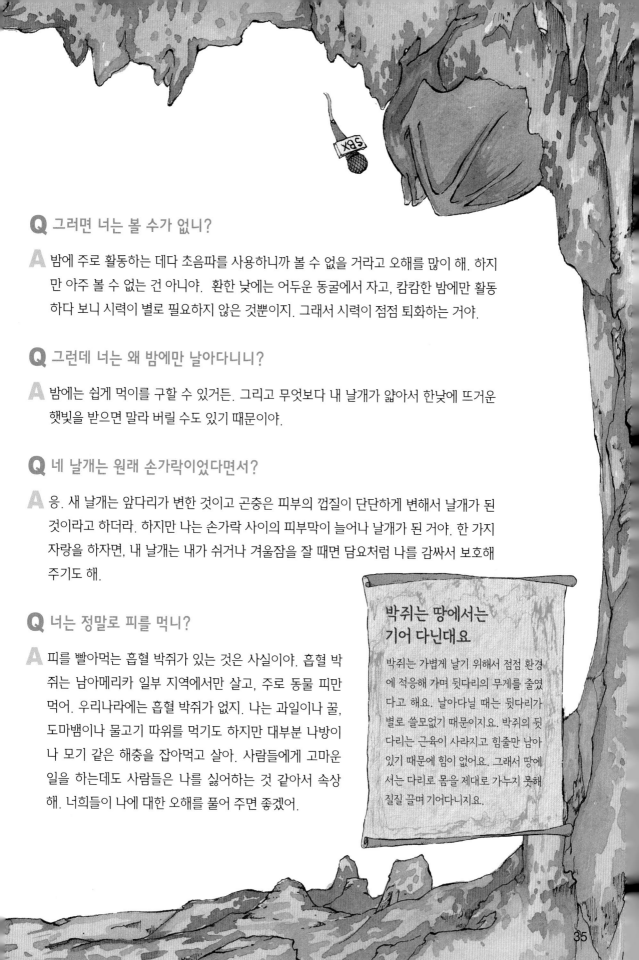

Q 그러면 너는 볼 수가 없니?

A 밤에 주로 활동하는 데다 초음파를 사용하니까 볼 수 없을 거라고 오해를 많이 해. 하지만 아주 볼 수 없는 건 아니야. 환한 낮에는 어두운 동굴에서 자고, 캄캄한 밤에만 활동하다 보니 시력이 별로 필요하지 않은 것뿐이지. 그래서 시력이 점점 퇴화하는 거야.

Q 그런데 너는 왜 밤에만 날아다니니?

A 밤에는 쉽게 먹이를 구할 수 있거든. 그리고 무엇보다 내 날개가 얇아서 한낮에 뜨거운 햇빛을 받으면 말라 버릴 수도 있기 때문이야.

Q 네 날개는 원래 손가락이었다면서?

A 응. 새 날개는 앞다리가 변한 것이고 곤충은 피부의 껍질이 단단하게 변해서 날개가 된 것이라고 하더라. 하지만 나는 손가락 사이의 피부막이 늘어나 날개가 된 거야. 한 가지 자랑을 하자면, 내 날개는 내가 쉬거나 겨울잠을 잘 때면 담요처럼 나를 감싸서 보호해 주기도 해.

Q 너는 정말로 피를 먹니?

A 피를 빨아먹는 흡혈 박쥐가 있는 것은 사실이야. 흡혈 박쥐는 남아메리카 일부 지역에서만 살고, 주로 동물 피만 먹어. 우리나라에는 흡혈 박쥐가 없지. 나는 과일이나 꿀, 도마뱀이나 물고기 따위를 먹기도 하지만 대부분 나방이나 모기 같은 해충을 잡아먹고 살아. 사람들에게 고마운 일을 하는데도 사람들은 나를 싫어하는 것 같아서 속상해. 너희들이 나에 대한 오해를 풀어 주면 좋겠어.

박쥐는 땅에서는 기어 다닌대요

박쥐는 가볍게 날기 위해서 점점 환경에 적응해 가며 뒷다리의 무게를 줄였다고 해요. 날아다닐 때는 뒷다리가 별로 쓸모없기 때문이지요. 박쥐의 뒷다리는 근육이 사라지고 힘줄만 남아 있기 때문에 힘이 없어요. 그래서 땅에서는 다리로 몸을 제대로 가누지 못해 질질 끌며 기어다니지요.

동굴 탐사도 하고 주변도 둘러보고!

우리나라에는 천 개가 넘을 정도로 많은 동굴이 있어요. 개방된 동굴만도 고수동굴까지 합치면 13곳이나 된답니다. 그런데 개방 동굴은 대부분 수도권에서 3시간 이상 멀리 가야 하는데 비해 관람 시간은 1시간 안팎에 불과해요. 3시간이 넘게 걸려 도착한 곳에서 동굴만 보고 돌아온다면 아쉬움이 크겠지요? 동굴 관람 후에는 동굴 근처의 가 볼 만한 곳도 돌아보아요. 기억에 남는 체험학습이 될 거예요. 알찬 여행이 되도록 탐사할 만한 동굴과 동굴 근처에 있는 역사나 생태 체험학습지를 알아 보아요.

우리나라의 개방 동굴

(2020년 5월 기준)

개방 시기	동굴 이름	특징
1963년	울진 성류굴	천연기념물
1971년	제주도 협재동굴, 쌍용동굴	천연기념물
1974년	영월 고씨굴	천연기념물
1976년	제주도 만장굴	천연기념물
	단양 고수동굴	천연기념물
1978년	단양 천동동굴	지방문화재
1996년	동해 천곡동굴	일반 동굴
	삼척 환선굴	천연기념물
1997년	태백 용연굴	지방문화재
	단양 온달동굴	천연기념물
2000년	정선의 화암굴	지방문화재
2007년	삼척의 대금굴	천연기념물
2010년	평창의 백룡동굴	천연기념물

다양한 암석이 있는 단양동굴지구

천동동굴 관람 안내

시간	09:00~17:30
요금	어 른 6,000원 청소년 4,000원 어린이 3,000원
교통	단양에서 동굴까지 시내버스로 1시간 간격으로 운행, 20분 소요.

천동동굴

고수동굴, 천동동굴, 노동동굴이 있는 단양동굴지구는 서로 불과 10~20분 정도 거리에 있어요. 우리나라의 대표적인 동굴지구예요.

천동동굴은 470미터 정도 길이로 아기자기하고 예쁜 느낌을 주는 동굴이에요. 천동동굴 가는 길에 보이는 암석층은 손으로 세게 만지면 부서져요. 천동동굴 주변에 있는 암석은 퇴적암이거든요. 암석은 모두 단단하다고 생각

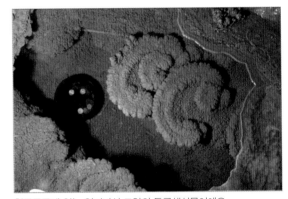
천동동굴에 있는 영지버섯 모양의 동굴생성물이에요.

하기 쉽지만 퇴적암은 화성암이나 변성암에 비해 무르기 때문에 세게 만지기만 해도 부서지지요.

노동동굴은 주굴이 600미터이며 40~50도로 경사가 가파른 동양 최대의 수직 동굴이에요. 수직 동굴이란 동굴이 구불구불하지 않고 위아래로 곧게 뻗은 굴을 말해요. 빙하기 시대의 강자갈과 모래가 발견되었고, 불곰뼈 화석이나 희귀 동식물이 서식하고 있는 노동동굴은 천연기념물로 지정되어 있지요. '에밀레종', '황금바위'와 같은 이름이 붙어 있는 동굴생성물은 노동동굴을 더욱 아름답게 빛내고 있지요. 또 큰 비가 온 뒤면 엄청난 양의 폭포수가 흘러내리는 '지하 백옥폭포'의

◑◐ 화석
동식물이 죽은 것 또는 유물이 퇴적암 등의 암석 속에 남아 있는 것이에요.

노동동굴은 동양에서 가장 큰 수직굴로 아래쪽으로 들어가서 위쪽으로
나와요.

아주 옛날엔 산이 바다였대요

천동동굴 안에는 석회암으로 된 조약돌 무더기가
있어요. 바닷가에서 볼 수 있는 조약돌이 동굴 안
에 있는 이유는 무엇일까요? 석회암은 바닷가에
서 화학 작용에 의한 침전으로 인해 만들어지기 때
문에 산 위에 있는 천동동굴도 아주 옛날엔 바다
였다는 사실을 말해 주지요.

천동동굴 속 조약돌 무더기

아름다움도 빼놓을 수 없지요. 하지만 관람객
과 외부 공기의 유입 등으로 훼손되어 2008년
에 폐쇄되었답니다.

　동굴을 나오면 도담삼봉 내에 있는 광공업 전시관에 가 보세요. 광
공업에 대한 자료는 물론 지구의 역사부터 암석의 분류와 보석, 화석
에 이르기까지 광공업을 이해하는 데 도움을 주는 풍부한 전시물이
동굴의 모형과 함께 전시되어 있지요. 전시관을 구경하는 동안 동굴
과 지구에 대한 지식뿐만 아니라 우리를 둘러싸고 있는 자연과 한층
가까워질 거예요.

여기서
잠깐!

느낌을 비교해 보세요.

광공업 전시관에서는 석회암과 시멘트를 직접 만져 볼 수 있답니다. 만져 본 느낌이
어떤지 적어 보세요. 단, 시멘트에는 독성이 있으니 꼭 손을 씻어야 해요.

온달 이야기가 서려 있는 온달동굴

온달동굴은 단양에서 강원도 태백 쪽으로 20분 정도 더 들어간 곳에 위치해 있어요. 온달 장군이 성을 쌓았다는 온달산성의 밑에 있기 때문에 붙여진 이름이지요. 그래서 '산성굴'로 불리기도 했답니다.

약 70미터 정도 들어가 볼 수 있는 온달동굴은 석회암 동굴이지요. 개방된 구간을 모두 둘러보는 데 40분가량 걸려요. 동굴의 높이가 5~10미터이고 폭은 5미터 정도의 계단형 구조예요. 온달동굴은 아기자기하고 여성적인 모양의 석순과 종유석이 발달해 있어요. 특히 온달동굴 주변에는 남한강이 있어서 동굴 안에 물이 풍부하답니다. 40여 개의 작은 연못도 있고 산천어 같은 물고기나 곤충들도 살고 있지요. 다른 동굴에 비해서 길이 좁지만 남한강으로 이어지는 시원한 물길이 있어서 답답하지는 않아요. 게다가 몸을 웅크리고 미끄럼을 타는 곳이 있어서 재미있게 즐길 수 있어요.

온달 축제

단양 온달 축제는 온달산성에서 신라군과 싸우다 죽은 온달 장군의 넋을 기리기 위해 1996년부터 시작되었어요. 10월에 온달 관광지에서 이틀 동안 온달 장군 승렬 행렬을 비롯하여 윷놀이 대회, 외줄타기 시연 등 많은 볼거리가 이어진답니다.

온달산성 가는 길에 깔린 돌은 얇은 팬케이크를 포개 놓은 듯한 모양이에요. 이를 점판암이라고 해요.

온달산성은 성벽을 수리한 시대마다 돌 색깔이 달라서 자연스럽게 무늬가 만들어졌어요.

온달동굴에서 나오면 꼭 둘러보아야 할 곳이 있어요. 바로 온달산성과 온달 전시관이에요. 1400여 년의 시간이 지났어도 원형이 그대로 보존되어 있어 고구려의 훌륭한 축조 기술인 반달꼴 산성을 그대로 볼 수 있답니다. 경사가 심한 돌산이라서 올라갈 때 땀이 비 오듯 흐르지만 일단 정상의 성 위에 올라서면 **첩첩산중**인 죽령과 남한강이 만들어 낸 멋진 경치가 한눈에 펼쳐져 장관이에요. 고구려와 신라 사이에 치열한 전쟁이 벌어질 만큼 중요한 군사 **요새**였다는 게 실감날 거예요.

첩첩산중
산이 첩첩으로 둘러싸인 깊은 산속이에요.

요새
나라를 지키기 위해 중요한 곳에 마련해 놓은 방어 시설을 말해요.

여기서
잠깐!

동굴에 이끼가 생겼어요.
관람객을 위해서 동굴에 설치한 조명 때문에 동굴에는 이끼가 생겼어요. 녹색 이끼는 관광을 위해 조명을 비춰서 생긴 것이에요. 그리고 검게 오염된 자국은 사람들이 만져서 생긴 것이에요. 동굴 안에서 이끼가 낀 곳을 찾아 동굴 관리소에 알려 주기로 해요.

쌍방아공이
온달동굴 안에서 볼 수 있는 동굴생성물이에요. 종유석 모양이 절굿공이처럼 생겨서 붙여진 이름이에요.

온달 전시관에는 온달 장군과 평강 공주에 얽힌 전설뿐만 아니라 고구려의 역사나 생활사와 관련된 유물 들이 함께 전시되어 있어 볼거리가 가득해요.

암석이 도대체 뭐예요?

지구도 사람의 피부나 사과 껍질처럼 '지각'이라는 껍질을 가지고 있다는 사실을 알고 있나요? 지각은 암석으로 되어 있는데, 표면에는 흙이 얇게 덮여 있어요. 암석은 지구의 껍질인 지각을 이루고 있는 단단한 물질이에요. 긴 세월을 거치면서 흙으로 분해되었다가 열이나 압력을 받아 다시 암석이 되기도 하지요. 그런데 암석은 어디에서 만들어질까요? 우리가 딛고 있는 땅을 똑바로 파 내려가면 마그마가 나온다는 것을 알고 있지요? 암석은 바로 마그마에서 시작되지요.

마그마가 굳어서 만들어진 화성암

마그마가 지각의 약한 틈 사이로 터져 나오는 것을 화산 활동이라고 하고, 이때 땅 위로 쏟아져 나온 마그마를 '용암'이라고 하지. 용암이 굳은 것을 화산암이라고 부르는데, 현무암이 여기에 속해요. 화산 활동이 일어났지만 지각 밖으로 나오지는 않고 땅속에서 저절로 굳은 마그마는 심성암이라고 해요. 우리나라의 많은 화강암이 심성암에 속해요.

화강암

흙이 쌓여서 만들어진 퇴적암

퇴적암

아무리 단단한 암석이라고 해도 오랜 세월이 흐르면 풍화 작용으로 흙이나 모래로 부서져요. 그럼 모래나 진흙도 암석이 될 수 있을까요? 또 식물이나 동물도 죽으면 한 줌 흙이 된다고 하는데, 이런 생물의 잔해도 암석이 될 수 있을까요? 맞아요. 암석 조각이나 생물의 잔해들이 오랜 세월 동안 쌓이고 쌓이면 암석이 되는데, 이것을 '퇴적암'이라고 해요. 쌓인 물질이 무엇인가에 따라서 서로 다른 종류의 퇴적암이 만들어지지요. 고수동굴을 이루는 석회암도 퇴적암의 한 종류이지요.

암석이 열과 압력을 받아 만들어진 변성암

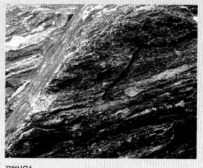

편마암

퇴적암이나 화성암이 땅속에서 열과 압력을 받으면 모양과 색깔이 변하고 더욱 단단해지는데, 이것을 변성암이라고 해요. 우리나라에서 흔하게 볼 수 있는 화강암이 이런 과정을 거치면 줄무늬가 있는 편마암이 되지요. 아름다운 조각상의 재료가 되는 대리석은 석회암이 변한 것이랍니다.

강원도의 석회동굴

강원도에는 석회동굴이 많이 있는데, 그 가운데 고씨동굴과 천곡동굴, 환선굴이 대표적이에요.

영월에 있는 고씨동굴은 임진왜란 때 의병 대장으로 활약한 고정원 집안이 피난했던 곳이라고 해서 이런 이름이 붙었어요. 피난처로 사용될 만큼 동굴이 깊어서 그 끝이 보이지 않을 정도예요. 굴 전체 길이는 3킬로미터가 넘지만 워낙 복잡해서 1킬로미터 정도만 개방을 했어요. 고씨동굴을 탐사하다 보면 갑자기 찬바람이 휙 하고 불 때가 있을 거예요. 이것은 동굴 입구가 여러 개이며, 그곳으로 바람이 통한다는 사실을 말해 주지요.

고씨동굴은 형성된 지 4억 년도 더 됐어요. 그동안 생긴 많은 종유석과 3개의 폭포와 4개의 호수가 있어요. 그리고 6개의 자연광장은 감탄을 절로 쏟아 내게 하지요.

동굴 탐사가 끝나면 별마로 천문대에도 가 보세요. 낮에 어두운 동굴에서 시간을 보낸 뒤, 밤하늘에 반짝이는 별을 보는 기쁨을 만끽할 수 있어요.

천곡동굴은 개방 길이가 700미터 정도밖에 되지 않기 때문에 모두 둘러보는 데 30분이면 충분해요. 다른 동굴들이 대부분 산에 있는 것과는 달리 이곳은 동해시 한복판에 있지요. 천곡동굴에는 국내 최장

고씨동굴 입구

환선굴 안에는 하천이 흐르고 있어요. 이외에도 10여 개의 동굴호수, 6개의 폭포가 있어요.

환선굴은 매표소에서 30분 정도를 올라가야 입구가 나오는데, 폭이 30미터에 달하는 큰 규모를 자랑해요.

의 천장 용식구가 있고 갖가지 동굴생성물들이 아름다움을 뽐내고 있어요. 2층에 동굴이 생성된 과정에 대한 이해를 돕는 전시관과 영상실도 있어요. 또 붉은박쥐가 발견된 곳이기도 해요.

환선굴이 있는 삼척시 대이리 동굴 지대는 지역 전체가 천연기념물로 지정되어 있을 만큼 동굴로 유명해요. 그중에서 우리가 볼 수 있는 곳은 환선굴과 대금굴이에요. 특히 환선굴은 남한에서 규모가 가장 큰 동굴이에요. 동굴이 생성되는 과정과 성장, 퇴화까지 모두 관찰할 수 있어요. 특이한 것은 다른 굴과 달리 바닥이 종유석으로 이루어져 있고 중앙 광장에 아름다운 백사장이 펼쳐져 있다는 거예요. 이곳에는 관박쥐, 노래기, 도롱뇽, 꼽등이 등 24종의 동굴생물이 서식하고 있어요.

최근 개방한 대금굴은 경관이 빼어나요. 특이한 점은 동굴 안에 설치한 모노레일을 타고 둘러볼 수 있다는 것이에요.

동굴을 다 둘러보았으면 촛대봉이 있는 추암 해수욕장에서 일출을 보는 것도 좋아요. 자연의 아름다움을 두 배로 느끼게 될 거예요.

붉은박쥐
날개의 길이가 3.5센티미터로, 귀가 좀 길고 다리가 커요. 우리나라 특산종으로, 냇가나 연못가에 날아다녀요.

환선굴 관람하기

시간	하절기 09:00~17:00 동절기 09:30~16:00
요금	어 른 4,500원 청소년 3,000원 어린이 2,000원
교통	삼척에서 대이리 행 버스 1일 6회 운행, 55분 소요.

제주도의 용암동굴

제주도의 만장굴은 우리나라 동굴 가운데 가장 먼저 천연기념물로 지정된 곳이에요. 하지만 그만큼 훼손도 심한 동굴이지요. 만장굴은 한라산의 용암이 흘러내려 한번에 만들어졌는데, 용암동굴로는 전 세계에서 가장 규모가 크답니다. 동굴 안에는 땅지네, 농발거미, 굴꼬마거미 등이 살고 있지요.

제주도에 있는 협재동굴과 쌍용동굴 역시 빼놓을 수 없어요. 석회동굴이 계속 성장하고 변화하는 데 비해 용암동굴은 용암이 한번 흐르고 나면 더 이상 동굴생성물이 만들어지지 않아요. 하지만 협재동굴과 쌍용동굴은 용암동굴이 분명한데도 석회동굴에 들어온 것 같은 느낌을 주지요. 탄산칼슘 성분인 조개 껍데기가 부서져서 생긴 동굴 주변의 모래가 동굴 안으로 스며들어 용암동굴이 점점 석회동굴로 변하고 있기 때문이랍니다. 그래서 아직도 살아 있는 동굴이라고 볼 수 있지요. 그리고 협재동굴 벽면에 얼룩진 석회분은 마치 거대한 벽화를 보는 듯한 느낌을 주지요. 협재동굴은 페루의 돌소금 동굴, 유고의 해중 석회동굴과 함께 세계 3대 동굴로 유명하지요.

만장동굴 관람 안내

시간	09:00~18:00
요금	어 른 4,000원 청소년 2,000원 어린이 2,000원
교통	제주도에 도착하면 공항에서 만장로까지 1시간 간격으로 대중교통 운행.

제주도 쌍용동굴

제주도에 많은 용암동굴과 파식동굴

동굴은 만들어지는 과정과 주변에 있는 암석에 따라 여러 가지 종류로 나눌 수 있어요. 우리나라에는 석회동굴이 많지만 제주도에는 용암동굴과 파식 동굴이 눈에 띄지요.

용암동굴은 화산 활동이 일어나면서 생긴 굴이에요. 지구 속 깊은 곳에서 뜨거운 마그마가 땅을 뚫고 밖으로 튀어나오는 자연 현상이 화산 폭발이에요. 폭발과 함께 쏟아져 나온 용암이 땅 위를 흘러가면서 생긴 동굴이 바로 용암동굴이지요. 뜨거운 용암이 흘러 내려가는 동안, 용암이 바깥 공기와 만나는 부분은 점점 차갑게 식으면서 동굴의 표면이 되고 아직 식지 않은 땅속의 뜨거운 용암은 계속 낮은 곳으로 흘러가면서 가운데가 텅 비게 돼요. 용암 동굴은 이런 과정에서 생긴 거예요. 같은 동굴이라도 용암동굴은 석회동굴과 달리 그 모습이 변하지 않아요. 그리고 용암동굴의 동굴생성물은 종류와 양이 적고, 석회동굴에 있는 생성물처럼 변화하거나 성장하지 않는답니다.

파식동굴은 파도가 오랜 세월 동안 절벽을 깎아서 만들어 내지요. 따라서 파도가 들이치는 곳보다 높은 곳에서는 만들어지지 않고, 석회동굴이나 용암동굴에 비해 단순한 모양으로 구멍만 뚫려 있어요. 따라서 '동굴'하면 떠오르는 종유석이 없답니다.

오랜 세월 동안 파도가 부딪쳐 절벽을 깎아요.

지구 역사의 산 증인,
동굴을 사랑해 주세요!

탐사 대원이 되어 동굴 탐사를 해 본 느낌이 어떤가요? 처음 탐사를 시작할 때 세운 목표를 달성했는지 궁금해요. 동굴은 인류의 조상을 품어 주어 구석기 시대를 열었고, 동굴생성물 연구를 통해 수십만 년 동안 지구의 기후 변화를 분석하고 미래를 예측할 수 있게 해 주었지요.

그러나 최근 들어 동굴 환경이 파괴되고 있어요. 수백만 년 동안 지구의 역사를 묵묵히 지켜보던 동굴은 한번 파괴되면 다시는 회복되기 힘든 상처가 생겨요. 관람객들이 동굴에 한꺼번에 많이 들어가면 사람들의 체온과 이산화 탄소 때문에 동굴 안 온도가 올라가지요. 그리고 습도는 내려가면서 동굴생성물이 제대로 자라지 못하고 오염되면서 그 흔적이 남지요. 또한 사람들이 무심코 동굴생성물에 낙서를 하기도 하고, 동굴생성물을 도굴해 가는 안타까운 일이 생기기도 해요. 그것뿐이 아니에요. 동굴 안에서 음식을 먹고, 음료수를 마시고, 동전을 던져 오염을 시키지요.

동굴에서는 "발자국 외에는 아무것도 남기지 말고, 사진 외에는 아무 것도 가져갈 것이 없다."는 원칙이 있어요. 사람과 자연이 더불어 살아가려면 자연이 사람을 보호해 주는 것처럼 사람이 자연을 아끼고 보호해야 해요. 자연이 훼손되면 사람도 병이 든다는 것을 잊지 말아야겠어요.

동굴 탐사를 잘 마친 어린이 여러분부터 동굴 보호를 위해 할 수 있는 일을 찾아보세요. 오래전부터 동굴이 우리와 함께했던 것처럼 여러분이 노력하는 만큼 동굴은 먼 미래에도 지구와 함께 영원히 우리 곁에 있을 거예요.

그러기 위해서는 우리가 지구 역사를 한눈에 보여 주는 동굴생성물을 좀 더 아끼고 보존하겠다는 마음을 꼭 지키도록 해야겠어요.

나는 동굴 박사!

동굴 탐사를 무사히 끝낸 것을 축하해요. 지금부터는 재미있고 다양한 퀴즈를 풀어 보며
동굴 탐사를 얼마나 잘했는지 알아보아요.

❶ 엄마와 함께하는 빙고 게임!

놀이 방법

① 엄마가 문제를 부르면 아이가 답을 생각해서 빙고 칸에 채워 넣어요.

② 16칸 모두 정답을 쓴 후에 엄마가 정답 중에 부르는 단어를 순서대로 지워 나가기 시작해요.

③ 가로, 세로, 대각선으로 직선이 세줄 그려지면 "빙고"하고 외치세요.

1) 맨틀에서 암석과 가스가 한데 녹아 있는 부분이에요.

2) 마그마가 땅속에서 식거나 용암으로 흘러나와 굳어서 만들어진 암석이에요.

3) 조개 껍데기나 산호 등이 쌓여서 만들어진 퇴적암이에요.

4) 석회암이 빗물이나 지하수에 녹아 구멍이 뚫려 생긴 동굴이에요.

5) 화산 활동으로 생긴 동굴이에요.

6) 강물이나 파도의 힘으로 만들어진 동굴이에요.

7) 돌 고드름이란 별명을 갖고 있으며 종유관이 뚱뚱해져서 만들어진 동굴생성물이에요.

8) 종유석 아래에서 떨어지는 물방울을 받아 먹고 자라며 여러 가지 형태를 갖고 있는 동굴생성물이에요.

9) 종유석과 석순이 만나서 기둥 모양을 이룬 동굴생성물이에요.

10) 동굴의 벽면을 따라 자라는 돌이라는 뜻의 동굴생성물이에요.

11) 박쥐가 날 때 장애물을 피할 수 있는 것은 무엇 때문일까요?

12) 박쥐의 똥을 무엇이라고 부를까요?

13) 박쥐가 잠을 자는 계절이에요.

14) 동굴생물 중에서 살아 있는 화석이라고 불리는 것이에요.

15) 우리나라에서 가장 긴 동굴이에요.

16) 석회동굴을 만드는 데 꼭 필요한 물방울이에요.

❷ 숨은 그림 찾기

다음 동굴생성물의 사진을 보고 보기에서 이름을 찾아 보세요.

1)

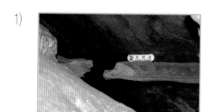

견우와 직녀가 만나는 다리를
떠올리게 해 붙은 이름이에요.

(   )

2)

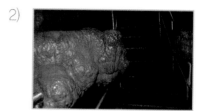

양의 머리처럼 생겨서 붙은
이름이에요.

(   )

3)

절굿공이처럼 생겨서 붙은
이름이에요.

(   )

4)

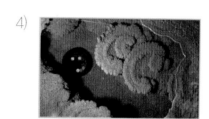

버섯처럼 생겼다고 붙은
이름이에요.

(   )

5)

코끼리처럼 생겼다고 붙은
이름이에요.

(   )

6)

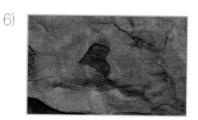

하트 모양 생성물 때문에 붙은
이름이에요.

(   )

| 보기 | 영지버섯, 코끼리, 사랑의 맹세, 오작교, 양머리, 쌍방아공이 |

☞ 정답은 56쪽에

나는 동굴 박사!

③ 동굴 탐사 관찰 기록장을 완성해 보세요.

1) 동굴 체험학습을 하러 간 곳은 어디인가요? 동굴이 있는 곳의 지형은 어떤가요?
   맞는 곳에 동그라미 표시를 해 보세요.

산	정상	중턱	기슭
도시	주거 지역	공장 지대	상가
들판	농촌	풀밭	자갈밭
바닷가	해안가	섬	절벽

2) 그동안 관찰한 동굴생성물 중에서 해당하는 생성물에 붙어 있는 이름을 적어 보세요.

종유석	예) 대형 종유석		
석순	예) 촛대 바위		
석주	예) 님의 기둥		
유석	예) 황금 성벽		

3) 동굴에 처음 들어갔을 때의 느낌과 나올 때의 느낌을 비교해 보세요.

들어갔을 때 :

나왔을 때 :

4) 동굴에 들어가서 동굴생물을 보았나요? 기억나는 대로 답하거나 그림으로 그려 보세요.

크기	다리가 있다면 몇 쌍인가요?	색깔	모양	움직이고 있었나요?

④ 박쥐에 대한 편견을 버려요.

다음 질문에 O 또는 X로 답하세요.

1) 박쥐는 털이 없어요. (   )
2) 박쥐는 거꾸로 매달려서 새끼도 낳고 젖도 주지요. (   )
3) 박쥐의 똥은 동굴생물에겐 영양가가 높은 먹이이고 사람에겐 훌륭한 거름이에요. (   )
4) 박쥐는 동굴에서만 살아요. (   )
5) 박쥐도 뱀이나 곰처럼 겨울잠을 자요. (   )
6) 박쥐는 시력이 전혀 없어요. (   )
7) 박쥐는 피를 빨아 먹으려고 입을 벌리고 날아다녀요. (   )
8) 박쥐는 손가락이 3개 있어요. (   )

☞ 정답은 56쪽에

가상 인터뷰 기사 쓰기

동굴 속에 살고 있는 상상 속의 인물을 만나 가상으로 인터뷰를 써 보는 것은 동굴을 이해하는 데 아주 좋은 공부 방법이에요. 이 책을 읽는 동안 궁금했던 인물을 선택해 가상 인터뷰를 써 보세요.

만나고 싶은 상상 속 인물을 만들어요.

동굴에 대해 공부하다 보면 수많은 생각이 나타났다가 사라지지요. 그런 생각들을 정리해서 상상 속의 인물을 만들어 보아요. 그리고 가상으로 인터뷰를 해 보세요.

동굴의 생성 과정이나 전설, 역사 등을 조사해요.

먼저 동굴이 생성된 계기나 동굴의 환경 등을 한번 조사해 보아요. 어떤 변화가 있었고, 어떤 일이 일어났는지를 알아 보면 동굴을 이해하는 데 많은 도움이 될 거예요. 만약 동굴에 사람이 살았다면 그 인물이 어떤 삶을 살았을지 조사하는 것은 기본적으로 해야 할 일이겠지요?

조사한 내용을 읽어 보고, 물어 볼 내용을 정리해요.

조사는 최대한 많은 자료를 모으는 것이 중요해요. 그리고는 자료를 자세히 읽어 보아요. 자료를 읽다 보면 동굴에 대한 궁금증이 생길 거예요. 자료를 바탕으로 동굴 속 상상의 인물에게 질문할 내용을 정리해 보아요.

내가 그 인물이었다면 어떻게 대답했을지 생각해 보고 써 보아요.

질문이 다 정리되었나요? 그러면 여러분 자신이 선택한 인물이 되었다고 상상해 보세요. 그리고 위에 정리한 질문에 어떤 대답을 했을지를 상상해 보고 기사를 쓰면 된답니다. 상상력이 뛰어난 어린이 기자 여러분 파이팅!

전격 취재!

고수동굴에 살고 있는 구석기인 '밤하늘'을 만나다

본지 특종!

> 밤하늘은 누구인가?
> 구석기인 밤하늘은 단양에 있는 고수동굴에서 살고 있다. 봄비가 촉촉이 내리던 어느 봄날의 밤이었다고 한다. 비가 촉촉하게 내리는 봄의 밤하늘이 어찌나 아름다웠던지 어머니는 밤하늘이라는 아름다운 이름을 지어 주었다고 한다. 봄비만큼이나 맑은 눈망울을 지닌 밤하늘 씨를 지금부터 만나보자.

기자 밤하늘씨 안녕하십니까? 스쿨신문사의 김학교 기자입니다. 언제부터 고수동굴에 살고 계셨나요?
밤하늘 태어났을 때부터 쭈욱 살았지요. 그러니까 내가 지금 70살이니까 난 이곳에서 70년을 산 셈이지요.

기자 네. 지금까지 고수동굴을 떠난 적이 한번도 없으신가요?
밤하늘 먹을 것을 구하러 가거나 할 때를 제외하고는 이곳을 떠난 적이 없어요.

기자 다른 식구들은 없나요?
밤하늘 우리 식구들은 내가 어릴 적에는 10명이나 되었어요. 할아버지 할머니, 어머니 아버지와 형제들이지요. 그런데 고수동굴이 개발되던 어느 날 다른 살 곳을 찾는다고 사냥이나 채집갔다고……

기자 그렇군요. 그럼 그동안 혼자 이 고수동굴을 지켜 오셨군요. 혹시 그동안 본인이 직접 겪은 것이나 아님 전해 들은 이야기라도 좋으니 고수동굴에 얽힌 이야기가 있을까요?
밤하늘 고수동굴에 얽힌 이야기라……, 뭐가 있을까? 아! 맞아요. 우리 할아버지에게 들은 이야기에요. 아마도 고수동굴이 생긴 게 5억 년은 넘었을 거예요. 그런데 고수동굴이라는 이름이 고수동명에서 유래되었지요. 아마 이 마을이 임진왜란과 관련된 전설이 있어요. 임진왜란 때 한양을 떠나 피난길에 오른 밀양 박씨 형제가 있었어요. 그중 아우는 청주에 정착했고, 형은 산간을 헤매다 말이 병이 나서 머물게 된 곳이 바로 오늘날의 고수리였다고 해요. 그래서 고수리에는 밀양 박씨들이 많이 살고 있다지요.

기자 그렇군요. 그런데 동굴이 개발되면서 사람들이 많이 드나드니 살기에 불편하진 않으세요?
밤하늘 불편하다마다요. 동굴이 원래 한 사람만 말을 해도 쩌렁쩌렁 울리는 곳이잖아요. 그런데 사람들이 어찌나 떠들어대는지 이곳을 떠나고 싶을 때가 한두번이 아니었어요. 떠나려고 짐을 싼 적이 몇 번이나 있지만 이 아름다운 종유석 궁전을 버릴 수가 없어서 금방 다시 돌아왔어요. 아마 그동안 짐을 쌌다가 다시 돌아온 것은 나뿐이 아닐게요.

기자 아니 그럼 또다른 누군가가 이 동굴에 살고 있다는 것입니까? 밤하늘씨말고도요?
밤하늘 아직 모르시는군요. 고수동굴에서 밤하늘은 혼자가 아니랍니다. 노래기, 톡톡이, 새우, 물고기도 있답니다. 아마 25종은 족히 될 거예요. 게다가 동굴하면 떠오르는 박쥐가 있잖아요. 나 혼자 심심하진 않다오. 게다가 바위들은 어찌나 멋있는지 70년째 보고 있어도 감탄이 끊이지가 않아요. 독수리바위, 사자바위, 문어바위 등을 보다 잠이 들면 밤마다 잠이 들면 이 녀석들과 노는 꿈을 꾼다오.

기자 이하하하 고수동굴이 이처럼 재미있는 곳인줄은 몰랐습니다. 혹시 동굴 입구에 있는 구석기 모형관에는 가 보셨나요?
밤하늘 가봤다마다요. 나에겐 그곳이 호텔이나 마찬가지 아니겠어요? 가끔 그곳에서 잠만 자기도 한다오. 참, 걱정은 말아요. 난 조용히 잠만 자다 나온다오. 이곳에 살고 있는 나에게 그런 혜택은 있어야 하잖아요.

기자 네, 그렇군요. 마지막으로 사람들에게 당부하실 말씀이 있으신가요?
밤하늘 네, 있어요. 이 시간이 더 지나면 고수동굴은 또 어떤 아름다움을 갖추게 될지 몰라요. 무한한 아름다움을 가진 고수동굴을 위해 조금만 아껴주고 조심해주세요. 그 이상은 바라는 게 없어요.

기자 네, 이상으로 밤하늘씨와의 인터뷰를 마치겠습니다.

아름다운 고수동굴이 더 아름다워질 수 있도록 그리고 밤하늘 씨가 고수동굴에서 편히 쉴 수 있도록 우리의 더 세심한 주의를 필요로 합니다. 그럼 우리의 후손들도 고수동굴의 아름다움을 영원히 누릴 수 있겠지요.

제목

인터뷰를 하고자 하는 인물의 특징을 잘 말해 주는 내용을 담아 제목을 정해요.

인물 소개

인터뷰를 하고자 하는 인물에 대해 간략하게 소개를 해요. 조사한 내용을 일목요연하게 정리해 주면 기사를 읽을 때 도움이 될 거예요.

본문 / 질문과 대답

시작 부분에서 서로 인사를 나누고 자연스럽게 질문을 이끌어 내요. 몇 가지를 질문할 것인지는 기자가 된 여러분이 정해 보아요!

결론

질문과 대답이 정리되면 인터뷰를 한 인물과 인사를 나눕니다. 그리고 기사를 정리하면서 인터뷰한 내용에 대한 느낌을 정리해 줍니다. 인터뷰한 인물에 대한 개인적인 의견을 써도 좋아요.

정답

10쪽

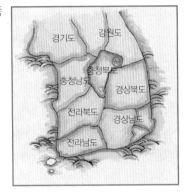

20쪽 1. 바닥 2. 구멍 3. 종유석

33쪽 ⑤

나는 동굴 박사!

❶ 엄마와 함께하는 빙고 게임!

1) 마그마
2) 화성암
3) 석회암
4) 석회동굴
5) 용암동굴
6) 파식동굴
7) 종유석
8) 석순
9) 석주
10) 유석
11) 초음파
12) 구아노
13) 겨울
14) 갈르와벌레
15) 환선굴
16) 점적수

❷ 숨은 그림 찾기

다음은 동굴 생성물의 사진을 보고 보기에서 동굴 생성물의 이름을 찾아 보세요.

1)

견우와 직녀가 만나는 다리를 떠올리게 해 붙은 이름이에요.
(오작교)

2)
양의 머리처럼 생겨서 붙은 이름이에요.
(양머리)

3)

절굿공이처럼 생겨서 붙은 이름이에요.
(쌍방아공이)

4)
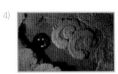
버섯처럼 생겨서 붙은 이름이에요.
(영지버섯)

5)
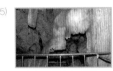
코끼리처럼 생겼다고 붙은 이름이에요.
(코끼리)

6)
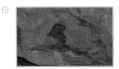
하트 모양 생성물 때문에 붙은 이름이에요.
(사랑의 맹세)

❸ 동굴 탐사 관찰 기록장을 완성해 보세요.

1) 동굴 체험학습을 하러 간 곳은 어디인가요? 동굴이 있는 곳의 지형은 어떤가요? 맞는 곳에 동그라미 표시를 해 보세요.

산	정상	중턱	기슭
도시	주거 지역	공장 지대	상가
들판	농촌	물밭	자갈밭
바닷가	해안가	섬	절벽

❹ 박쥐에 대한 편견을 버려요.

다음 질문에 O 또는 X로 답하세요.

1) 박쥐는 털이 없어요. (X)
2) 박쥐는 거꾸로 매달려서 새끼도 낳고 젖도 주지요. (O)
3) 박쥐의 똥은 동굴생물에겐 영양가가 높은 먹이이고 사람에겐 훌륭한 거름이에요. (X)
4) 박쥐는 동굴에서만 살아요. (X)
5) 박쥐도 뱀이나 곰처럼 겨울잠을 자요. (O)
6) 박쥐는 시력이 전혀 없어요. (X)
7) 박쥐는 피를 빨아 먹으려고 입을 벌리고 날아다녀요. (X)
8) 박쥐는 손가락이 3개 있어요. (X)

사진

박찬수 8p(단양 풍경), 9p(석회암), 10p(도담삼봉), 11p(고수동굴 가는 길의 석회암), 12p(용식공), 13p(동전), 15p(동굴산호), 16p(종유관), 16p(방해석), 17p(종유석), 17p(사자바위), 18p(종유석 단면), 20p(석순), 20p(특이한 모양 석순), 21p(석주), 22p(휴석과 휴석소), 23p(유석), 23p(유석과 휴석), 24p(이산화 탄소와 손때로 오염된 동굴), 24p(이끼가 낀 동굴), 25p(부러진 종유석), 26p(동굴 계단), 26p(동굴 천장), 27p(종유석), 27p(하천), 27p(고수동굴 전경), 33p(관박쥐), 38p(천동동굴), 38p(영지버섯 모양 동굴생성물), 39p(노동동굴), 39p(조약돌 무더기), 40p(온달산성 점판암), 40p(온달산성 성벽), 41p(쌍방아공이), 41p(온달관), 44p(고씨동굴), 45p(환선굴 안), 45p(환선굴 입구), 46p(쌍용동굴), 51p(오작교), 51p(양머리), 51p(코끼리), 51p(사랑의 맹세)

이종하 14p(점적수)

염경섭 14p(베이컨시트)

시몽포토 43p(편마암)

초등학교 교과서와 관련된 학년별 현장 체험학습 추천 장소

1학년 1학기 (21곳)	1학년 2학기 (18곳)	2학년 1학기 (21곳)	2학년 2학기 (25곳)	3학년 1학기 (31곳)	3학년 2학기 (37곳)
철도박물관	농촌 체험	소방서와 경찰서	소방서와 경찰서	경희대자연사박물관	IT월드(과천정보나라)
소방서와 경찰서	광릉	서울대공원 동물원	서울대공원 동물원	광릉수목원	강원도
시민안전체험관	홍릉 산림과학관	농촌 체험	강릉단오제	국립민속박물관	경희대자연사박물관
천마산	소방서와 경찰서	천마산	천마산	국립서울과학관	광릉수목원
서울대공원 동물원	월드컵공원	남산골 한옥마을	월드컵공원	국립중앙박물관	국립경주박물관
농촌 체험	시민안전체험관	한국민속촌	남산골 한옥마을	기상청	국립고궁박물관
코엑스 아쿠아리움	서울대공원 동물원	국립서울과학관	한국민속촌	서대문자연사박물관	국립국악박물관
선유도공원	우포늪	서울숲	농촌 체험	선유도공원	국립부여박물관
양재천	철새	갯벌	서울숲	시장 체험	국립서울과학관
한강	코엑스 아쿠아리움	양재천	양재천	신문박물관	남산
에버랜드	짚풀생활사박물관	동굴	선유도공원	경상북도	남산골 한옥마을
서울숲	국악박물관	고성 공룡박물관	불국사와 석굴암	양재천	롯데월드 민속박물관
갯벌	천문대	코엑스 아쿠아리움	국립중앙박물관	경기도	국립민속박물관
고성 공룡박물관	자연생태박물관	옹기민속박물관	국립민속박물관	이화여대자연사박물관	삼성어린이박물관
서대문자연사박물관	세종문화회관	기상청	전쟁기념관	전쟁기념관	서대문자연사박물관
옹기민속박물관	예술의 전당	시장 체험	판소리	천마산	선유도공원
어린이 교통공원	어린이대공원	에버랜드	DMZ	한강	소방서와 경찰서
어린이 도서관	서울놀이마당	경복궁	시장 체험	화폐금융박물관	시민안전체험관
서울대공원		강릉단오제	광릉	호림박물관	경상북도
남산자연공원		몽촌역사관	홍릉 산림과학관	홍릉 산림과학관	월드컵공원
삼성어린이박물관		국립현대미술관	국립현충원	우포늪	육군사관학교
			국립4·19묘지	소나무 극장	해군사관학교
			지구촌민속박물관	예지원	공군사관학교
			우정박물관	자운서원	철도박물관
			한국통신박물관	서울타워	이화여대자연사박물관
				국립중앙과학관	제주도
				엑스포과학공원	천마산
				올림픽공원	천문대
				전라남도	태백석탄박물관
				경상남도	판소리박물관
				허준박물관	한국민속촌
					임진각
					오두산 통일전망대
					한국천문연구원
					종이미술박물관
					짚풀생활사박물관
					토탈야외미술관

4학년 1학기 (34곳)	4학년 2학기 (56곳)	5학년 1학기 (35곳)	5학년 2학기 (51곳)	6학년 1학기 (36곳)	6학년 2학기 (39곳)
강화도	IT월드(과천정보나라)	갯벌	IT월드(과천정보나라)	경기도박물관	IT월드(과천정보나라)
갯벌	강화도	광릉수목원	강원도	경복궁	KBS 방송국
경희대자연사박물관	경기도박물관	국립민속박물관	경기도박물관	덕수궁과 정동	경기도박물관
광릉수목원	경복궁 / 경상북도	국립중앙박물관	경복궁	경상북도	경복궁
국립서울과학관	경주역사유적지구	기상청	덕수궁과 정동	고성 공룡박물관	경희대자연사박물관
기상청	경희대자연사박물관	남산골 한옥마을	경상북도	국립민속박물관	광릉수목원
농촌 체험	고창, 화순, 강화 고인돌유적	농업박물관	경희대자연사박물관	국립서울과학관	국립민속박물관
서대문자연사박물관	전라북도	농촌 체험	고인쇄박물관	국립중앙박물관	국립중앙박물관
서대문형무소역사관	고성 공룡박물관	서울국립과학관	충청도	농업박물관	국회의사당
서울역사박물관	충청도	서울대공원 동물원	광릉수목원	롯데월드 민속박물관	기상청
소방서와 경찰서	국립경주박물관	서울숲	국립공주박물관	몽촌토성과 풍납토성	남산
수원화성	국립민속박물관	서울시청	국립경주박물관	민주화현장	남산골 한옥마을
시장 체험	국립부여박물관	서울역사박물관	국립고궁박물관	백범기념관	대법원
경상북도	국립서울과학관	시민안전체험관	국립민속박물관	서대문자연사박물관	대학로
양재천	국립중앙박물관	경상북도	국립서울과학관	서대문형무소 역사관	민주화 현장
옹기민속박물관	국립국악박물관 / 남산	양재천	국립중앙박물관	서울역사박물관	백범기념관
월드컵공원	남산골 한옥마을	강원도	남산골 한옥마을	조선의 왕릉	아인스월드
철도박물관	농업박물관 / 대법원	월드컵공원	농업박물관	성균관	서대문자연사박물관
이화여대자연사박물관	대학로	유명산	롯데월드 민속박물관	시민안전체험관	국립서울과학관
천마산	롯데월드 민속박물관	제주도	충청도	경상북도	서울숲
천문대	몽촌토성과 풍납토성	짚풀생활사박물관	서대문자연사박물관	암사동 선사주거지	신문박물관
철새	불국사와 석굴암	천마산	성균관	운현궁과 인사동	양재천
홍릉 산림과학관	서대문자연사박물관	한강	세종대왕기념관	전쟁기념관	월드컵공원
화폐금융박물관	서울대공원 동물원	한국민속촌	수원화성	천문대	육군사관학교
선유도공원	서울숲	호림박물관	시민안전체험관	철새	이화여대자연사박물관
독립공원	서울역사박물관	홍릉 산림과학관	시장 체험 / 신문박물관	청계천	중남미박물관
탑골공원	조선의 왕릉	하회마을	경기도	짚풀생활사박물관	짚풀생활사박물관
신문박물관	세종대왕기념관	대법원	강원도	태백석탄박물관	창덕궁
서울시의회	수원화성	김치박물관	경상북도	해인사 고려대장경과 장경판전	천문대
선거관리위원회	승정원 일기 / 양재천	난지하수처리사업소	옹기민속박물관	호림박물관	우포늪
소양댐	옹기민속박물관	농촌, 어촌, 산촌 마을	운현궁과 인사동	유니세프 한국위원회	판소리박물관
서남하수처리사업소	월드컵공원	들꽃수목원	육군사관학교	무령왕릉	한강
중랑구재활용센터	육군사관학교	정보나라	이화여대자연사박물관	현충사	홍릉 산림과학관
중랑하수처리사업소	철도박물관	드림랜드	전라북도	덕포진교육박물관	화폐금융박물관
	이화여대자연사박물관	국립극장	전쟁박물관	서울대학교 의학박물관	훈민정음
	조선왕조실록 / 종묘		창경궁 / 천마산	상수허브랜드	상수도연구소
	종묘제례		천문대		한국자원공사
	창경궁 / 창덕궁		태백석탄박물관		동대문소방서
	천문대 / 청계천		한강		중앙119구조대
	태백석탄박물관		한국민속촌		
	판소리 / 한강		해인사 고려대장경과 장경판전		
	한국민속촌		화폐금융박물관		
	해인사 고려대장경과 장경판전		중남미문화원		
	호림박물관		첨성대		
	화폐금융박물관		절두산순교성지		
	훈민정음		천도교 중앙대교당		
	온양민속박물관		한국에너지기술연구원		
	아인스월드		한국자수박물관		
			초전섬유퀼트박물관		

도담삼봉

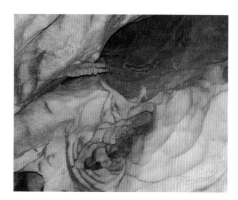

용식공

동굴산호

종유관

종유석

사자바위

창현궁

베이컨 시트

휴석과 휴석소

유석

관박쥐